CHAPITRE 1

Coup de tonnerre

– Si tu veux, Évette, tu peux y aller à ma place, propose Irène. Tu as vu mon nez ? Encore un après-midi en mer et il pourra servir de phare !

Ève éclate de rire. C'est vrai qu'après trois semaines à la pointe de l'Arcouest sa sœur aînée ne ressemble plus du tout à une Parisienne pâlichonne penchée sur ses révisions de baccalauréat. Les randonnées sur les sentiers douaniers et les balades en bateau ont hâlé son teint et surtout éclairci ses cheveux châtains, renforçant sa ressemblance avec leur mère.

– Pas question, réplique Ève. C'est à toi que le Capitaine a donné une fleur, c'est toi qui iras rôtir au soleil pendant que je somnolerai à l'ombre. Ma pauvre, je n'aimerais pas être à ta place !

Irène sait bien qu'elle plaisante. Chaque jour après le déjeuner, quand celui qu'on surnomme le Capitaine offre une fleur à chacune des personnes qu'il invite sur son bateau, Ève trépigne d'impatience. Pour les deux sœurs, les vacances en Bretagne sont synonymes de longues marches dans la lande, d'équipées dans les rochers et de compétitions de natation. À l'Arcouest, l'emploi du temps est immuable. Chaque matin, la petite bande se retrouve pour aller nager, et les après-midi sont consacrés aux sorties sur le voilier du Capitaine. Du moins pour ceux qui ont eu la chance d'être choisis, car le bateau ne peut guère emmener plus de douze passagers.

Marie Curie, la mère d'Irène et d'Ève, est rarement de l'expédition. Se tourner les pouces sur le pont d'un bateau l'ennuie à mourir. L'après-midi, quand elle ne s'active pas dans son jardin, elle rédige un texte scientifique ou prépare le programme de ses cours de physique pour la rentrée. Peut-être aussi profite-t-elle de ces moments de solitude pour laisser ses pensées errer dans le passé, se remémorer son enfance en Pologne ou rêver que Pierre, le mari tant aimé, est encore auprès d'elle. Mais cela, nul ne le sait, pas même ses filles. Jamais elle n'évoque le souvenir de leur père, jamais elle ne prononce même le prénom de celui dont la mort, huit ans plus tôt, l'a anéantie.

Cet été, d'ailleurs, elle ne passera que peu de temps

à l'Arcouest. Elle s'attarde à Paris, où elle achève de concrétiser le projet qui lui tient à cœur depuis des années : la création d'un institut de recherches sur les applications de la radioactivité[1] en physique et en chimie. C'est en quelque sorte l'œuvre de sa vie. Début juillet, quand elle a embrassé ses deux filles sur le quai de la gare Montparnasse, les trois mots magiques « Institut du radium » étaient déjà gravés au fronton du bâtiment et il ne restait plus guère que quelques fenêtres à poser. Mais il faut encore aménager le bureau de Marie et équiper les laboratoires pour que tout soit prêt début septembre.

Cette séparation n'est pas du goût des deux filles. Ève, surtout, qui n'a pas dix ans, se plaint déjà assez durant l'année scolaire de voir si peu sa « Mé chérie », comme elles appellent leur mère. Mais cette fois, ça y est, Mé a enfin promis de quitter Paris d'ici deux ou trois jours.

– D'accord, j'y vais ! déclare Irène, rassurée par le sourire de sa sœur.

Le temps d'attraper un pull et elle est partie.

---

1. Énergie qui se dégage de certains atomes sous la forme d'un rayonnement qui peut être utilisé de nombreuses façons (pour soigner, mais aussi pour détruire).

Ève oublie vite sa déception de rester à terre cet après-midi. Elle se glisse dans la cuisine, où Waleczia, la cuisinière polonaise, est en train d'équeuter des haricots.

– Si on préparait un *babka* pour ce soir ? suggère-t-elle.

Elle adore ce gâteau au chocolat que Waleczia réussit à la perfection.

– Pas possible, non cannelle.

– Tu veux dire qu'il n'y a plus de cannelle ! la corrige gentiment Ève.

Les deux Polonaises à qui Marie Curie a confié ses filles parlent aussi mal le français l'une que l'autre. Du moins Waleczia fait-elle quelques efforts. Jozzia, qui s'occupe du ménage et s'évertue à ranger le fouillis qu'Ève laisse traîner dans toutes les pièces, juge inutile de se perfectionner dans cette langue compliquée, sous prétexte que les deux filles se débrouillent très bien en polonais.

– Alors un *makotch* ! Il reste des graines de pavot ?

Waleczia hésite un instant.

– Je ne sais.

– Bien sûr que si ! s'écrie Ève en se haussant sur la pointe des pieds pour attraper la grande boîte en fer sur l'étagère du haut. Allez, Waleczia, dis oui !

La cuisinière dit oui, bien sûr. Elle ne peut rien refuser à cette fillette pleine de vie.

Tout en battant les œufs dans le grand saladier, Ève s'amuse à lui faire répéter des mots comme « cucurbitacée » ou « statistique ».

– Bravo, Waleczia ! Maintenant, plus difficile… Répète après moi : « Bonjour, madame Sans Souci, combien sont ces six cent six saucissons-ci ? Ces six cent six saucissons-ci sont six sous ».

– Pas possible, proteste Waleczia.

– Allez, fais un effort !

Waleczia articule à toute vitesse :

– *Nie pieprz Pietrze wieprza pieprzem, bo przepieprzysz pieprzem*[1] *!*

– C'est pas de jeu ! Je suis sûre, que ça ne veut rien dire !

– Mais oui ! Poivre et cochon !

– Les gros mots sont interdits, Waleczia !

Ainsi se poursuit la confection du gâteau roulé au pavot, dans les taquineries et les rires.

Sur l'*Églantine*, l'atmosphère est tout aussi joyeuse, du moins en apparence.

---

1. « Pierre, ne mets pas trop de poivre dans le porc, sinon il sera trop poivré ! »

– Bordez-moi donc cette voile[1], bande de marins d'eau douce ! crie le Capitaine.

L'adolescent qui tient l'écoute de grand-voile tire dessus d'un coup sec. Le vent siffle et le bateau fait un bond en avant, comme un cheval piqué par un taon.

– Eh ! ronchonne une jeune femme. Tu tiens vraiment à jeter à l'eau tous les génies qui sont sur ce bateau, Francis ? Songe à l'immense perte que ce serait pour la science !

– Et pour les lettres ! renchérit galamment son mari, un homme à la figure imposante et à la barbe bien fournie.

C'est Émile Borel, un mathématicien renommé qui enseigne à la faculté des sciences. Sa femme, Marguerite, écrit des romans. Francis, le jeune adolescent qui veille sur la grand-voile, est le fils de Jean Perrin, un bel homme blond à tête d'ange, docteur ès sciences physiques et déjà célèbre pour ses recherches. Il y a là aussi un géophysicien et sa femme mathématicienne, un physiologiste de renommée internationale avec sa femme et son neveu, un chimiste brillant, un expert en histoire

1. Raidir la voile en tirant sur l'écoute (la corde) pour qu'elle ait une bonne prise au vent et que le bateau avance plus vite.

de la Chine ancienne, un professeur d'histoire à la Sorbonne[1]... L'*Églantine* ne rassemble à son bord que des « cerveaux ». Le Capitaine lui-même est agrégé d'histoire. C'est lui qui, le premier, a fait construire une maison à la pointe de l'Arcouest, après quoi il a convaincu ses amis de la Sorbonne d'y passer leurs vacances. Les uns, comme Marie Curie, louent chaque année la même maison, les autres logent à l'hôtel. Ils forment une bande d'amis inséparables, capables de parler des nombres infiniment petits ou des dieux de la Chine antique comme d'organiser des compétitions de crawl et de faire la fête, le soir, au son de l'accordéon et à la lumière des lampions.

– *J'aime Paimpol et sa falaise, son église et son grand pardon*, entonne Jean Perrin.

– *J'aime surtout ma Paimpolaise, qui m'attend au pays breton*, enchaîne le Capitaine d'une voix de ténor d'opéra.

– Tu crois qu'il a une Paimpolaise ? chuchote Marguerite à son mari.

– La vie privée du Capitaine est un mystère plus insondable encore que celui des nombres premiers,

1. Université parisienne.

réplique le mathématicien en gloussant dans sa barbiche.

Aujourd'hui, il doit se forcer un peu pour plaisanter, en oubliant la question que chacun se pose en cet été 1914 : *va-t-il y avoir la guerre ?*

Le 28 juin dernier, le neveu de l'empereur austro-hongrois François-Joseph a été assassiné à Sarajevo par un terroriste bosniaque. Un mois plus tard, l'Autriche-Hongrie a déclaré la guerre à la Serbie. Presque aussitôt, la mobilisation a été décrétée en Russie, puis en Belgique. Et hier, le 31 juillet, Jean Jaurès a été assassiné dans un café à Paris. Jaurès, le défenseur le plus acharné de la paix, le leader socialiste que toute la petite bande de l'Arcouest admirait pour son idéalisme et son énergie ! Sa mort ne va-t-elle pas déclencher la catastrophe ?

Face à l'océan d'un bleu presque irréel pailleté d'étincelles d'argent, sous le ciel immense parcouru par les goélands, comment croire qu'une guerre est possible ? Irène veut espérer que les hommes ne seront pas assez fous pour s'entre-tuer. Elle aimerait tant que ces vacances ressemblent aux précédentes, que leur mère les rejoigne enfin, sa sœur et elle, et que toutes trois profitent des semaines qui restent avant sa première rentrée à la Sorbonne.

Passé une pointe rocheuse apparaît l'adorable petit village de Pors-Even, d'où tant de pêcheurs ont embarqué pour l'Islande et la périlleuse pêche à la morue. Au loin, sur la gauche, Notre-Dame de Bonne-Nouvelle, la nouvelle église de Paimpol, pointe son clocher vers le ciel.

– On se baigne ? propose Francis.

Irène plonge la main dans l'eau, regarde les bulles monter le long de ses doigts comme du champagne.

– Elle est sublime ! s'écrie-t-elle.

– Je garde le paquebot, déclare le Capitaine. Mon bar à la crème m'est resté sur l'estomac.

– Le bar, ou le muscadet ? plaisante Jean.

Irène aide à affaler[1] les voiles. Le bateau vire face au vent et se balance mollement. On n'entend plus que le clapotis de l'eau, le grincement des haubans, les criaillements des goélands.

– On fait la course jusqu'à la bouée rouge, là-bas ? suggère Irène. Qui est partant ?

Ils sont cinq à s'asseoir à tribord, les jambes pendant à l'extérieur du bateau. Le Capitaine sort un sifflet de sa poche.

– Un coup long pour vous préparer, puis je dis

1. Descendre.

«À vos marques!» et vous sautez au second coup de sifflet. Personne ne triche! Gare à toi, Francis, je t'ai à l'œil!

Les concurrents se mettent en position, le Capitaine embouche le sifflet et souffle comme un sonneur de trompe.

– À vos marques!

Il prend une grande inspiration pour donner le coup d'envoi, porte de nouveau le sifflet à sa bouche, mais interrompt soudain son geste. Au loin, du côté de Paimpol, monte dans l'air le tintement d'une cloche, un son grave et plein, une plainte monotone qui se répète inlassablement et paraît avancer sur les flots à la rencontre des navigateurs.

Tout le monde pâlit.

– Le tocsin, murmure le Capitaine. C'est la guerre.

Toutes les poitrines exhalent un soupir. Les moins jeunes évoquent la guerre précédente, celle de 1870, qu'ils ont pour la plupart vécue enfants. Leurs souvenirs sont flous, mais leurs parents leur en ont tant parlé... Le froid, la peur, la faim, les hommes qui rentrent infirmes ou fous de peur, et ceux qui ne rentrent pas, morts sans sépulture, les familles décimées... Les plus jeunes, eux, ne savent pas exactement ce qui les attend, ils savent juste que leur vie est en train de basculer vers un terrifiant inconnu.

Irène a l'impression qu'une bête féroce s'est tapie dans son ventre et la ronge de l'intérieur. Plus personne n'a envie de nager. Sans se concerter, ils remettent leurs vêtements et reprennent chacun leur poste. Francis s'empare de l'écoute de grand-voile, le Capitaine attrape la barre.

– Venez chez moi ce soir comme les autres soirs, propose-t-il d'une voix grave. On sera mieux ensemble.

Oui, cela fera du bien d'être ensemble une dernière fois avant que les hommes aillent risquer leur vie. Mais on ne dansera probablement pas, on parlera plutôt, sans doute tard dans la nuit. On rêvera d'un monde où l'amour de la science et des arts remplacerait celui du pouvoir et de l'argent.

CHAPITRE 2

L'accident

– La mer est basse comme tout… Si on allait à la pêche à pied, Irène ?

Le mois de septembre est parfois le plus beau de l'été. L'eau est encore tiède des chaleurs du mois d'août, les ciels changeants étirent des ombres colorées sur la mer, les somptueux couchers de soleil ressemblent à des décors de théâtre. Que ces semaines soient les dernières avant le retour à Paris les rend encore plus précieuses. Mais ce matin Irène se sent d'humeur chagrine.

– Vas-y toute seule, ou bien demande à Jozzia ou à Waleczia de t'accompagner. Je veux terminer cette lettre pour qu'elle parte aujourd'hui.

Ève hausse les épaules.

– Ça peut bien attendre ! De toute façon, le courrier marche quand ça lui chante.

– Raison de plus pour la poster le plus tôt possible.

– C'est pour Mé ? Si elle était là, elle te dirait de

venir pêcher avec moi plutôt que rester enfermée à lui écrire.

– Peut-être, mais j'ai des choses importantes à lui dire.

– Oh, je sais, ton retour à Paris ! Tu ne parles plus que de ça. Pourquoi est-ce que tu es si pressée ? Ma rentrée au collège n'est que le 7 octobre, et à la Sorbonne c'est encore plus tard. Moi aussi, j'ai horriblement envie de revoir Mé, je pense à elle tout le temps, mais on n'y peut rien s'il n'y a presque pas de trains !

– Bien sûr que si, il y en a, maintenant que tous les soldats sont partis sur le front. À Paris, je pourrais me rendre utile, au lieu de rester ici à jouer au tennis et à me baigner alors que c'est la guerre ! J'ai lu dans le journal que l'Union des femmes de France[1] organisait des cours pour former rapidement des infirmières. Peut-être qu'on me trouverait trop jeune, mais je voudrais au moins essayer.

Ève s'impatiente. La mer commence déjà à remonter, il va bientôt être trop tard pour la pêche.

– Mé n'arrête pas de dire qu'elle préfère attendre

1. Une des trois sociétés de la Croix-Rouge, composée de bénévoles féminines qui soignaient les blessés de guerre.

qu'on sache comment les choses vont tourner, reprend Irène. Si elle croit que c'est plus facile ici… Quand je pense qu'on nous a prises pour des espionnes !

Du coup, Ève en oublie presque la pêche. Cet incident l'a beaucoup impressionnée.

Au village, un type un peu débile qui les avait entendues parler polonais avec Waleczia et Jozzia a pensé qu'elles étaient allemandes. Il a répandu la rumeur qu'elles étaient des espionnes cachées sous une fausse identité. Un matin, Irène, réveillée de bonne heure, est allée se promener, un petit seau à la main, pour récolter des mûres. L'après-midi même, des gamines croisées sur le chemin de la plage lui ont demandé d'un air soupçonneux à qui elle apportait à manger chaque matin. Elles s'imaginaient sans doute qu'elle ravitaillait un espion allemand caché dans la pinède !

– C'est vrai qu'on guillotine les espions ? l'interroge Ève d'une voix tremblante.

– Tu es bête ! Les gens ont fini par comprendre que ce n'était qu'un faux bruit lancé par un pauvre type. D'ailleurs, Jozzia et Waleczia sont d'accord pour que je leur donne des leçons de français, comme ça personne ne les prendra plus pour des Allemandes. Mais c'est tout de même affreusement humiliant.

Irène a d'autant moins bien supporté ces rumeurs que leur mère est polonaise. Dans les milieux scientifiques, beaucoup n'ont pas apprécié qu'une étrangère, qui plus est une femme, se voie décerner deux prix Nobel, un avec son mari et un second pour elle seule, et devienne la première femme à enseigner à la Sorbonne. Mé, qui aime profondément la France, a beaucoup souffert de ces préjugés. Les choses auraient-elles été différentes si Pierre Curie n'était pas mort ? Peut-être aurait-on alors fini par oublier l'origine étrangère de sa femme ?

– Une histoire pareille ne serait jamais arrivée à Paris, insiste Irène. Là-bas, les gens ont autre chose à faire qu'épier les voisins ! Mais passons. Ce que je veux maintenant, c'est partir ! Il y a bientôt deux semaines que Mé m'a promis d'organiser notre retour, et on en est exactement au même point !

– C'est vrai, admet Ève. Elle devait arriver au début du mois d'août, ensuite elle a décidé qu'il fallait qu'on attende *un peu*...

Irène feuillette fébrilement les lettres de leur mère.

– Le 6 septembre, elle disait que Paris était calme, qu'on rentrerait dans une dizaine de jours. Et on est déjà le 22 !

Ève compte sur ses doigts.

– Mercredi 23, jeudi 24, 25, 26, 27... Le 7 octobre, c'est dans quinze jours. Si ça continue, je vais manquer la rentrée au collège ! Bon, en attendant, je vais pêcher. Tu viens ?

Irène regarde sa lettre commencée, hésite, puis soudain se frappe le front.

– Mince ! J'avais complètement oublié. J'ai proposé à Charlot d'aller marcher avec lui dans les rochers. Tant pis, ma lettre partira plus tard... Viens donc avec nous !

– D'accord !

Ève n'a pas envie d'aller pêcher toute seule, et elle adore les balades dans les rochers. Elle s'amuse à chercher dans les contours déchiquetés toutes sortes de visages et de silhouettes. L'un d'eux ressemble à Waleczia, l'autre a le nez du Capitaine. Plus loin, une forme inclinée au-dessus d'une mare évoque la silhouette de Mé penchée sur ses appareils de mesure.

Charlot court comme un cabri, loin devant les deux filles. Irène le regarde en fronçant les sourcils. On n'a pas idée de gambader dans les rochers avec des espadrilles trop grandes enfilées comme des babouches !

– Attends-nous, Charlot ! crie-t-elle. Ralentis un peu, tu vas finir par dégringoler !

Mais les garçons de seize ans n'écoutent jamais les conseils des filles. Charlot poursuit sa course sans prendre la peine de répondre. Et voilà que son pied mal assuré manque un appui et qu'il dérape sur près de deux mètres.

– Tu t'es fait mal ? s'inquiète Irène.

– Aïe aïe aïe aïe ! gémit Charlot. Évidemment que je me suis fait mal !

– Tu crois que tu vas pouvoir marcher ?

– Faudrait déjà que j'arrive à me remettre debout !

Les deux sœurs accélèrent le pas pour aller l'aider à se relever. Mais au moment où Irène est sur le point de le rejoindre, une grosse pierre, sans doute déstabilisée par la chute de Charlot, dévale la pente et vient rebondir sur son pied.

– Ouille ouille ouille ! se lamente-t-elle à son tour en se tenant en équilibre instable sur l'autre pied.

Sa blessure est beaucoup plus sérieuse que celle de Charlot. Elle saigne abondamment et les chairs sont profondément entaillées. C'est finalement en s'appuyant sur sa cadette et sur leur camarade qu'elle regagne le village et va frapper chez le médecin. Après avoir examiné la blessure, celui-ci lui pose plusieurs points de suture.

– Tu vas devoir rester immobilisée pendant au

moins dix jours, lui annonce-t-il en rangeant ses instruments de torture. Je dirais même deux semaines.

Deux semaines sans faire de sport, enfermée à la maison à compter les jours sur le calendrier !

– Une bonne raison pour Mé de repousser encore notre retour, soupire Irène, catastrophée. Décidément, le destin est contre moi.

Lorsque les deux sœurs arrivent enfin à la maison, Ève et Charlot soutenant Irène qui sautille sur un pied, un petit rectangle bleu est posé sur la commode de l'entrée. Un télégramme ! Irène se jette dessus, le déplie fébrilement, et pousse un soupir à fendre l'âme.

– Mé a trouvé comment m'occuper à Paris, elle nous donne la permission de prendre le premier train disponible. C'est vraiment rageant !

– On aurait mieux fait d'aller pêcher, murmure Ève.

L'idée que sans cet accident elles auraient pu retrouver Mé dès le lendemain lui fait monter les larmes aux yeux.

CHAPITRE 3
La lumière du futur

Le jour du départ a fini par arriver. Il faut dire adieu à la maison blottie derrière ses hortensias, à la mer qui va tant manquer à Paris, à cette pointe de l'Arcouest qui ressemble au paradis. Mais au bout du voyage il y a Mé, son doux regard gris, sa voix qui chante les *r*, les retrouvailles après une si longue séparation. Et puis on sent bien que l'été est sur sa fin, que la brise du soir n'a plus le même parfum fleuri.

Les deux Polonaises et les deux Françaises ont commandé un taxi pour les conduire à Paimpol. La malle d'osier et les vélos ont été expédiés ce matin, il ne reste plus qu'à monter dans le train et à hisser les valises dans le filet porte-bagages. On est largement à l'heure. Jozzia et Waleczia sont déjà sur le quai, mais Irène prend le temps de jeter un coup d'œil aux titres des journaux. Sans le Capitaine pour expliquer les mouvements des troupes et l'évolution de la guerre, ce n'est pas facile de comprendre ce qui se passe réellement.

Ève est restée en arrière sur la place de la gare, attirée par une boutique où on vend des caramels au beurre salé. Elle les adore, mais sa sœur va sûrement lui dire qu'ils coûtent trop cher. Pourtant, c'est plus fort qu'elle, elle se glisse à l'intérieur et salive devant les vitrines transparentes où s'alignent bonbons et caramels, et même des chocolats en forme de sardines. L'heure sonne à une pendule, elle sursaute. Pourvu que le train ne parte pas sans elle ! Elle se précipite hors de la boutique, court vers la gare. Un crissement de frein lui vrille les tympans et elle se trouve à quelques centimètres d'une voiture décapotable qui a pilé de justesse.

– Petite écervelée ! hurle le conducteur. On ne t'a donc pas appris à regarder avant de traverser ?

Ève est toute retournée. Tête basse, elle file vers l'entrée de la gare, où Irène est comme paralysée, les yeux exorbités.

– Tu m'as fait une de ces peurs ! balbutie-t-elle. Mé t'a pourtant répété des milliers de fois...

Sans terminer sa phrase, elle empoigne Ève par le bras et ne la lâche que devant le marchepied du train. Dans leur compartiment, Waleczia et Jozzia ont déjà installé les valises.

Irène s'assied en face de sa petite sœur.

– Tu ne rapporteras pas à maman, hein ? supplie celle-ci.

Irène, d'habitude si calme, est encore toute tremblante.

– Sûrement pas. Ce n'est pas que je veuille t'éviter un bon savon, mais je n'ai pas envie de lui rappeler de mauvais souvenirs...

– Pé ? l'interroge Ève, au bord des larmes.

Son aînée se radoucit aussitôt.

– Oui, Pé. Tu ne peux pas t'en souvenir, tu étais trop petite, mais...

– J'avais quand même un an et demi ! proteste Ève.

– C'est bien ce que je dis. Moi, j'en avais huit et demi. Je me rappelle tout comme si c'était hier.

Les lèvres d'Irène ont un léger tremblement.

– On était au printemps, mais il pleuvait des cordes. Je jouais chez les Perrin, dans la maison d'à côté.

Ève connaît l'histoire par cœur, mais elle n'interrompt pas sa sœur. Elle sait qu'Irène a besoin, de temps à autre, d'évoquer ces moments dont leur mère refuse de parler.

– Mé est venue me dire que Pé avait eu un accident et qu'il avait besoin de beaucoup de calme, et elle a demandé aux Perrin de me garder quelques jours. Je voyais bien qu'elle était bouleversée, pourtant j'ai cru qu'il avait juste très mal à la tête ou quelque chose comme ça. Deux jours après, j'ai sauté de joie quand Mé a sonné à la porte et annoncé qu'elle venait me chercher. Et là, elle m'a dit…

Irène s'interrompt un instant, puis balance la tête de gauche à droite en soupirant.

– Tu as remarqué ? Parfois, quand on tombe violemment, on ne sent rien sur le coup, la douleur arrive avec un peu de retard… Là, ça a été pareil. Je n'ai pas compris tout de suite, je suis retournée jouer comme si de rien n'était. Et puis j'ai eu brutalement l'impression que plus rien n'était réel, que j'étais transparente, que la maison des Perrin n'existait plus, c'était comme si je flottais dans le vide. Comment est-ce que je pouvais être vivante si Pé n'était plus là ? Alors j'ai pleuré, pleuré… À la maison, il y avait oncle Jacques[1], même la famille de Varsovie était venue. Une amie avait apporté des giroflées roses qui sentaient tellement bon… C'était horrible. Ensuite, Mé n'a plus jamais été la même.

Lorsque Irène évoque ces souvenirs, Ève a l'impression d'avoir participé comme elle à la tragédie.

1. Le frère de Pierre Curie.

Mais c'est faux, elle était bien trop petite pour réaliser ce qui leur arrivait, et elle a toujours un pincement au cœur en songeant qu'elle ne se rappelle pas la Mé d'avant.

– Je ne devrais pas parler de ça maintenant, conclut Irène en souriant. Mais tu m'as fait tellement peur... Si Pé n'avait pas traversé la rue sans voir qu'un fiacre approchait, il serait encore là.

Ève fond en larmes. Irène se penche vers elle pour la serrer dans ses bras.

– Ne pleure pas, Évette. Tu sais, depuis cet été, je me dis que de toute façon Pé serait sûrement parti faire la guerre, et qu'il serait peut-être mort d'une façon encore plus terrible.

C'est une bien maigre consolation. Parfois, Ève essaie d'imaginer ce que serait la vie dans l'appartement du quai de Béthune si leur père était avec elles. Sans doute ne le verrait-elle pas plus qu'elle ne voit Mé, car ils seraient tout aussi pris par leurs recherches. Mais, d'après ce que Grand-Pé, le père de Pé, lui a raconté, elle a l'impression qu'il la comprendrait mieux que ne le fait sa mère. Il était distrait, lui aussi, rêveur... Elle aurait eu un allié, quelqu'un qui aurait compris qu'elle soit différente des autres. Mé est évidemment très fière que sa cadette soit si musicienne et pleine d'imagination, mais c'est avec Irène qu'elle passe des heures à discuter, et Ève ne comprend rien à leurs conversations. Parler à longueur de repas de théorèmes, d'équations et de dérivées, est-ce que ce n'est pas étrange ? Quand Ève était plus petite, cela l'amusait d'entendre sa mère et sa sœur épiloguer sur les racines carrées ou cubiques. Elle se demandait de quelles sortes de racines il pouvait bien s'agir. Des racines de plantes ? Ou de dents ? Aujourd'hui, cela ne l'amuse plus du tout. Elle déteste l'arithmétique et la géométrie, elle ne voit vraiment pas l'intérêt de s'escrimer sur des problèmes qui ne servent à rien.

– C'est à cause de Pé que tu veux étudier les maths et la physique ? demande-t-elle soudain à son aînée. Parce que tu penses que c'est ce qu'il aurait voulu ? Ou bien tu veux prouver à Mé que tu es aussi douée qu'elle et que Pé ?

Irène hoche négativement la tête.

– Bien sûr que non. C'est juste que j'aime les sciences. C'est comme un jeu, en mille fois plus passionnant. Quand je fais une expérience de chimie et qu'elle réussit, quand je verse une goutte d'une substance dans une autre et que le liquide change de couleur, je suis aussi excitée que si j'avais découvert un trésor. Tu vois ce que je veux dire ?

Non, Ève ne voit pas du tout en quoi un liquide coloré peut constituer un trésor. Irène soupire. Mé et elle savent depuis longtemps qu'Évette ne sera jamais une scientifique, mais elle aimerait au moins lui donner une idée des joies immenses que procure la science.

– Un soir... C'était il y a des années, j'avais peut-être cinq ans et tu n'étais pas encore née.

Ève se rembrunit. Elle déteste qu'on lui rappelle qu'il y a eu une époque où elle n'était pas encore née.

– Pé et Mé avaient invité des amis à dîner. C'était l'été, toutes les fenêtres étaient ouvertes et ils n'avaient pas allumé la lumière pour ne pas attirer les moustiques. Je n'arrivais pas à dormir à cause de la chaleur, alors je me suis relevée sans bruit pour aller me glisser dans un coin du salon. J'adorais écouter les conversations des amis de Pé et Mé...

– Moi aussi, la coupe Ève, j'aime bien écouter aux portes. Mais pas quand les gens parlent de sciences !

– Cette anecdote-là, je suis certaine qu'elle va te plaire, reprend Irène. À un moment, Pé a sorti de sa poche un tube à essai... un tube en verre, et l'a tenu bien droit devant lui. Une lueur bleutée remplissait le tube et éclairait légèrement la table, c'était magique. Pé a dit d'une voix très douce : «C'est la lumière du futur.»

– Comment ça, la lumière du futur?

– C'est un peu compliqué à expliquer... Cette lueur bleue provenait du radium. C'est Pé et Mé qui ont découvert le radium, Évette, et démontré qu'il était radioactif!

Tout cela, Ève le sait plus ou moins. Elle sait qu'une substance radioactive se modifie toute seule, sans même qu'on y touche, et dégage de l'énergie et de la lumière. Elle sait que Mé poursuit les recherches commencées avec Pé, que c'est pour cela qu'elle est restée à Paris cet été, à cause de l'Institut du radium. Elle sait surtout que cela absorbe tout le temps de Mé, qui ne l'écoute presque plus jamais jouer du piano. Et elle a bien remarqué que Mé avait les mains rouges et abîmées comme si elle les avait frottées avec du papier de verre, à force d'avoir manipulé des produits mystérieux aux noms bizarres.

– Tu aimerais faire une découverte importante, toi aussi? demande-t-elle à sa sœur.

– Tous les scientifiques en rêvent! Mais tu te trompes, ce n'est pas pour prouver quoi que ce soit à Mé. J'aime travailler, calculer, chercher... Tu sais,

Pé et Mé auraient pu tirer beaucoup d'argent de leur découverte, et ils ne l'ont jamais fait, ils travaillaient pour la grandeur de la science. Quand quelqu'un, dans la rue, demande à Mé si elle ne serait pas par hasard Mme Curie, elle lui répond : « Vous devez faire erreur ! » Je suis comme elle et comme Pé, cela m'est complètement égal de devenir célèbre, je veux seulement comprendre la nature.

Ève hausse les épaules.

– Pour comprendre la nature, on n'a pas besoin de chiffres et de formules. Les mots et les notes de musique la décrivent bien mieux !

– Pour toi, peut-être. On n'est pas pareilles, toutes les deux.

– C'est sûr ! s'exclame Ève en riant jaune. Tu te souviens ? Quand Grand-Pé nous récitait *Le Corbeau et le Renard*, je lui demandais si le corbeau allait mourir de faim, et toi, tu voulais savoir quelle était sa taille par rapport à celle du renard… Moi, je suis le vilain petit canard de la famille, je ne pense qu'à m'amuser, à porter de jolies robes et à profiter de la vie… Au fait, Jozzia, j'espère que tu n'as pas oublié le gâteau breton ! Il est dans quel sac ?

CHAPITRE 4

Le projet de Mé

À la gare Montparnasse, Irène et Ève scrutent désespérément la foule à la recherche du chapeau démodé de leur mère. En vain. Elle n'est pas là pour accueillir les voyageuses, pas plus qu'elle ne répond à leur coup de sonnette lorsqu'elles arrivent au 36, quai de Béthune.

Waleczia et Jozzia montent leurs sacs de voyage dans leur chambre du dernier étage, puis redescendent vite proposer leur aide aux filles. Waleczia inspecte le garde-manger. Bien entendu il est presque vide. Mé ne s'est jamais beaucoup souciée de cuisine, et ce n'est pas Pé qui risquait de l'y inciter. Grand-Pé a souvent raconté que quand la bonne demandait à ses patrons si le rôti de veau qu'ils venaient de terminer avait été bon, Pierre Curie répondait distraitement : « Ah bon, il y a du rôti de veau ? J'en prendrais volontiers un peu ! »

– Mé aurait pu quitter son travail à temps pour notre retour, soupire Ève.

– Elle doit être débordée, rétorque Irène. Avec tous les hommes partis au front, il n'y a sûrement plus grand-monde à l'Institut du radium pour l'aider.

– Je sais, mais j'ai tellement hâte !

– Moi aussi, j'ai l'impression qu'on ne l'a pas vue depuis six mois ! Je propose qu'on se dépêche de défaire nos bagages pour pouvoir dîner tranquillement toutes les trois dès qu'elle arrivera. Tu veux que je t'aide à préparer ton cartable pour demain ?

– Pas la peine. Ce n'est pas bien compliqué : à chaque rentrée, c'est la même chose. L'école et la fantaisie, ça fait deux ! Je peux te réciter par cœur le petit discours que va nous faire le directeur.

– Sauf que cette année ce sera différent, tu auras un professeur pour chaque matière.

Ève soupire.

– Si le prof de maths t'a eue dans sa classe, il va me faire des grands sourires le premier jour, mais quand il corrigera mon premier devoir… De toute façon, je le déteste avant même de l'avoir vu !

Pourtant, même avec la perspective de plusieurs heures de mathématiques par semaine, Ève se réjouit d'aller au collège et de revoir ses amies. Et quel plaisir de ranger ses affaires dans sa chambre, de retrouver l'odeur familière des vieux meubles, de se pencher à la fenêtre pour s'imprégner de l'atmosphère de Paris! Presque en face d'elle, légèrement sur la droite, se dresse le dôme majestueux du Panthéon. L'Institut du radium se trouve juste derrière, à moins de deux cents mètres. Si le bâtiment était plus haut, Ève pourrait faire des signaux à sa mère depuis la fenêtre de sa chambre! Beaucoup plus loin à droite, au-delà des immeubles, les deux grandes tours de Notre-Dame montent vers le ciel depuis l'île de la Cité, à peine séparée de l'île Saint-Louis par un petit bras de Seine. La Seine qui s'étire devant Ève, parcourue de péniches et de remorqueurs. Sur les rives, quelques pêcheurs à la ligne espèrent sans doute une bonne prise pour améliorer leur ordinaire, pas fameux en cette période de guerre. De temps à autre, une mouette traverse le ciel en criant, et Ève a un petit pincement de nostalgie pour les ciels immenses et purs de l'Arcouest. Mais bien vite elle se détourne de la fenêtre et commence à mettre un peu d'ordre. Elle adore sa chambre et tous les trésors qu'elle y a accumulés. Elle aime en modifier le décor selon son humeur. Cet automne, elle tentera d'oublier la guerre en recréant une atmosphère maritime. Elle a pris soin de glisser au fond de sa valise des coquillages et des cailloux ramassés dans la petite crique de Roch Vras.

Sa mère et sa sœur vont encore lui reprocher de vivre dans un capharnaüm. Il faut dire que la chambre d'Irène ressemble plutôt à une cellule de couvent. Un lit qui n'est là que parce qu'il faut dormir pour rester en bonne santé, une table, une chaise, des rayonnages de livres… Quant au reste de l'appartement, ce n'est pas mieux ! Des parquets à peine réchauffés par de petits tapis polonais semés au hasard, des meubles tout simples hérités de Grand-Pé, complètement perdus sous les hauts plafonds… Mé estime sans doute que des fins voilages suspendus aux fenêtres suffisent à créer une atmosphère douillette. La seule pièce qui paraît vivante est son bureau, aussi encombré que la chambre d'Ève. Sauf qu'on n'y trouve ni coquillages, ni bijoux fantaisie, ni gravures découpées dans des magazines, mais des alignements de livres et des piles de papiers. C'est dans cette pièce que Mé a placé une photo de Pé, la seule de tout l'appartement. Peut-être, tout en travaillant, lui chuchote-t-elle ce qu'elle fait et lui demande-t-elle des conseils ?

– Irène ? Ève ?

La voix de Mé ! Elle est enfin rentrée ! Ève se précipite dans le couloir, se heurte à Irène qui a jailli de sa chambre, et les deux filles se jettent dans les bras de leur mère.

– Tu nous as tellement manqué !

– Oh, vous aussi, mes chéries ! Quel été, mon Dieu, quel été ! Cette horrible guerre, vos lettres qui mettaient des jours à arriver…

– Mais maintenant qu'on est là toutes les trois, on va rester ensemble, hein, Mé ?

– Comme vous avez bonne mine ! Vous êtes aussi noires que des petits pruneaux !

– Tu sais, je nage le crawl pendant des kilomètres et je suis capable de tenir la barre de l'*Églantine* !

Elles parlent toutes les trois en même temps, comme des gamines dans une cour de récréation. Waleczia a toutes les peines du monde à les interrompre pour leur annoncer qu'elle a réussi à préparer quelque chose pour le dîner. Mé la félicite pour ses progrès en français. Waleczia rougit de satisfaction et s'empresse d'aller chercher à la cuisine le « quelque chose » qu'elle a improvisé avec ce qu'elle a trouvé : une délicieuse crêpe aux pommes de terre accompagnée d'un reste de salade, certes un peu flétrie, mais bien assaisonnée.

– Je me réjouissais d'aller vous chercher à la gare, explique enfin Mé en picorant dans son assiette. Mais la princesse chez qui j'étais en visite a insisté pour que j'accepte un verre de porto, cela aurait été très impoli de refuser.

– Une princesse ! s'écrie Ève, les yeux brillants.

– Une princesse ? s'étonne Irène en scrutant sa mère avec stupéfaction.

Ce n'est pas vraiment le style de Mé de perdre son temps dans les salons. Qu'elle rende visite à une princesse au lieu d'aller attendre à la gare ses filles qu'elle n'a pas vues depuis trois mois est inimaginable.

Mé se tourne vers son aînée.

– Je t'expliquerai pourquoi après le dîner. Mais dis-moi tout de suite : est-ce que tu veux devenir mon assistante ?

– Ton assistante ? s'exclame Irène avec enthousiasme. Je ne rêve que de ça, tu le sais bien ! Pour quel travail ? Tu penses que je serai capable ?

– C'est un peu compliqué, on en parlera tout à l'heure.

– Oh, Mé, supplie Ève, raconte-nous maintenant ! Dis-nous pourquoi tu rends visite à des princesses !

Mé sourit.

– Que ces dames soient princesses ou marchandes de bonbons n'a aucune importance. Ce qui compte, c'est qu'elles soient riches et généreuses.

Irène et Ève se regardent avec perplexité. Mé boit une grande gorgée d'eau, puis croise ses deux mains sous son menton et commence :

– Au début, quand les hommes ont été mobilisés, on s'est imaginé que la guerre serait de courte durée. Hélas ! On a vite compris qu'elle risquait fort de s'éterniser et qu'il y aurait des milliers de blessés. Le drame, c'est que les armes d'aujourd'hui causent des blessures beaucoup plus graves que celles du passé.

– Pourquoi ? demande Ève.

– Autrefois, avec les balles de revolver et les baïonnettes, on avait des blessures bien nettes, relativement faciles à nettoyer. Alors que les éclats d'obus ou de grenades pénètrent beaucoup plus profondément et se dispersent dans tout le corps, entraînant souvent avec eux des débris de vêtements qui augmentent les risques d'infection. Or le service médical de l'armée n'est pas suffisamment équipé pour les extraire avec précision avant que l'infection ne gagne. C'est là que mes connaissances scientifiques peuvent se révéler très utiles…

– Tu espères pouvoir utiliser la radioactivité pour soigner les blessés ? la coupe Irène.

– Pas exactement pour les soigner, rectifie Mé. On n'en sait pas encore suffisamment sur la radioactivité pour cela. Mais les rayons X permettraient de localiser les balles et les éclats d'obus, ou de repérer les fractures. Ainsi, les chirurgiens opéreraient très rapidement et sans charcuter les malheureux.

– Mais il faudrait équiper tous les hôpitaux ! Tu crois que c'est possible ?

– Certainement pas, et de toute façon la moitié des blessés mourraient avant même d'y arriver. Non, ce qu'il faut, c'est créer des sortes d'unités de radio qui se rendent sur le front pour intervenir sans délai.

– Et comment on les transporterait, ces unités ?

– Il suffit d'équiper des voitures ! On les transforme en fourgons dans lesquels on installe une couchette pour étendre le blessé, un écran à radioscopie, le matériel photo, des rideaux opaques pour faire une chambre noire... Le problème, c'est l'électricité, mais j'ai trouvé la solution : un générateur fixé sur le marchepied et relié à la dynamo[1] de la voiture. J'ai suivi quelques heures de formation à la radiographie à l'hôpital Saint-Antoine, ce n'est pas si compliqué. Une fois sur place, une équipe bien entraînée peut être opérationnelle en

1. Machine permettant de créer de l'électricité en utilisant l'énergie dégagée par le mouvement.

une demi-heure ! Selon les cas, elle peut travailler dans une salle d'hôpital ou, au pire, dans la voiture.

– C'est un projet magnifique ! s'émerveille Irène. N'est-ce pas, Ève, que Mé est incroyable ?

Bien qu'elle n'ait pas la moindre idée de ce que sont un générateur et une dynamo, Ève comprend que le projet de sa mère va permettre de sauver des centaines de vies.

– Elle est même géniale ! confirme-t-elle avec enthousiasme. Mais qui conduira ces voitures ? Des médecins, hein ? Toi, tu n'iras pas, tu vas rester ici !

– Là n'est pas la question, Évette, répond sa mère.

Comment ça, *là n'est pas la question* ? Cette réponse ne plaît pas du tout à Ève.

– Obtenir les autorisations nécessaires pour créer un service de radiologie de la Croix-Rouge dont j'aurai la direction n'a pas été une mince affaire, poursuit Mé, imperturbable. Heureusement, grâce à votre oncle Casimir, j'ai des relations dans le milieu médical. Sans compter les amis de Grand-Pé.

– Oh, Grand-Pé, il me manque… murmure Ève.

Les deux sœurs adoraient leur grand-père paternel, qui les a accueillies toutes les trois chez lui après la mort de Pé. Elles aimaient l'écouter réciter des poèmes de Victor Hugo ou des fables de La Fontaine, explorer avec lui les petits chemins des environs de Sceaux pour réaliser des herbiers, jardiner près de lui… Puis il est parti, comme Pé…

Il avait été médecin, tout comme l'oncle Casimir, le mari d'une des sœurs de Mé qui vit aussi à Paris.

– Ensuite, il a fallu trouver des voitures, continue Mé.

Elle se tourne vers Ève, qui est suspendue à ses lèvres.

– C'est là que les princesses et les comtesses entrent en scène… J'ai pris mon courage à deux mains pour aller tirer les sonnettes des dames de la bonne société et leur expliquer mon projet. Beaucoup me regardent avec de grands yeux effarés en faisant semblant de ne pas comprendre, mais d'autres me donnent de l'argent, et il y en a même qui sont disposées à prêter leur voiture. Bien sûr, je leur promets qu'on la leur rendra après la guerre… si elle roule encore !

– Mé transformée en ambassadrice, on aura tout vu ! s'exclame Irène. Toi qui as horreur des mondanités !

– C'est toujours moins difficile de réclamer pour les autres que pour soi. Il s'agit d'apporter un secours aux blessés, et donc à la France, ce n'est pas comme si je demandais de l'argent pour mes recherches. Si vous me voyiez dans les salons de ces dames, vous ne me reconnaîtriez pas ! Moi qui ai toujours été plutôt timide, j'insiste jusqu'à la gauche, comme un camelot qui veut vendre sa marchandise. Je suis sûre qu'il y en a qui me proposent leur voiture uniquement pour se débarrasser de moi, mais cela m'est égal !

Elle soupire.

– Je ne suis pas sortie de l'auberge. Il va maintenant falloir trouver des carrossiers pour transformer les voitures en fourgons, les repeindre en gris avec une croix rouge… Et puis il restera encore à se procurer les appareils à rayons X et tout le matériel pour les équiper. Après quoi, on pourra enfin partir pour le front.

– *Partir pour le front ?* répète Ève d'une voix blanche.

– Évidemment ! fait Irène. Puisque c'est pour aller radiographier les blessés sur place que Mé se donne tout ce mal.

– Mais elle n'est pas obligée d'y aller, elle peut très bien envoyer des gens !

– Plus tard peut-être, répond Mé. Dans l'immédiat, je veux aller voir moi-même la situation de près, montrer comment il faut s'y prendre, convaincre les médecins militaires… Pour cela, j'ai besoin d'une assistante. Et cette assistante…

Irène a compris depuis longtemps ce que sa mère attend d'elle.

– Oh, Mé, c'est extraordinaire ! Depuis deux mois, je n'arrête pas de me demander comment me rendre utile. Je comptais m'inscrire aux cours de l'Union des femmes de France, mais jamais je n'aurais espéré travailler avec toi de cette façon !

Mé la regarde tendrement.

– Je savais que tu réagirais ainsi. La formation d'infirmière, il faut évidemment que tu la suives. Tu vas aussi t'initier à la technique de la radiographie. Tu apprends vite, cela ne t'empêchera pas de suivre tes cours à la Sorbonne, du moins tant qu'on sera à Paris. Quant à moi, le ministère de l'Instruction publique[1] m'a autorisée à ne plus enseigner, pour me permettre de me consacrer à l'effort de guerre. Nous allons accomplir du bon travail, toutes les deux.

– Et moi ? demande Ève. Qu'est-ce que je vais faire ?

1. Nom que portait à l'époque le ministère de l'Éducation nationale.

Elle n'a pas besoin d'écouter la réponse de Mé pour la connaître.

– Ce que font toutes les petites filles de ton âge : aller au collège et bien travailler.

En voilà, un projet excitant !

CHAPITRE 5

Depuis six mille ans la guerre

« Et moi, qu'est-ce que je vais faire ? » se demande encore Ève le lendemain matin en montant la rue Saint-Jacques en direction du collège. Bien sûr qu'elle va s'appliquer en classe, comme elle l'a promis à Mé. D'ailleurs, elle est plutôt bonne élève, ou du moins elle le serait s'il n'y avait pas ces mathématiques de malheur. Mais quelle importance ont les bonnes notes quand les Allemands menacent d'écraser la France ? Mé lui a expliqué hier soir que beaucoup d'hommes mourraient à la guerre, que les jeunes devaient donc être prêts à les remplacer plus tard. Ève ne voit pas en quoi faire des divisions et calculer la surface d'un rectangle va aider à préparer l'avenir du pays. Le seul intérêt de la rentrée, selon elle, est qu'elle va retrouver des filles de son âge avec qui elle pourra parler d'autre chose que de théorèmes et de rayons X.

Cette année, la rentrée n'a pas tout à fait les couleurs habituelles. Pour commencer, la sixième est une année exceptionnelle qui marque l'entrée dans l'univers des grandes. Mais là n'est pas la raison de l'air grave qu'arborent certaines élèves. Beaucoup d'entre elles ont dit adieu à leur père au début du mois d'août sans savoir quand elles le reverraient. Et si on se garde de le dire à haute voix, tout le monde sait bien que certains ne reviendront jamais. Ève est désormais comme ses camarades. Elle n'est plus la seule à ne vivre qu'avec des femmes, elle n'est plus la seule à avoir une mère qui travaille comme un homme.

– Tu te rends compte ? lui annonce sa copine Louise d'un ton horrifié. Les femmes sont obligées de remplacer les hommes qui sont partis ! La mère de Jeanne distribue le courrier, celle de Madeleine travaille dans une fabrique d'armement et celle de Germaine conduit un tramway. C'est affreux, non ?

Ève ne trouve pas cela si terrible. Conduire un tramway ne doit pas être tellement plus fatigant que passer des journées entières dans un hangar abandonné, glacial l'hiver et suffocant l'été, à manipuler d'immenses récipients en fonte contenant du minerai qu'il faut faire bouillir et remuer avec une tige gigantesque pour en tirer des dés à coudre de radium… ce que Mé a fait pendant quatre ans pour parvenir à démontrer les propriétés de cet élément chimique. Alors distribuer le courrier ou conduire un tramway… il en faudrait davantage pour impressionner Ève !

– Silence, mesdemoiselles !

Le directeur a grimpé sur une petite estrade et frappe dans ses mains. Il a une moustache batailleuse et de gros yeux qui paraissent avoir été montés sur rotules pour lui permettre de regarder partout à la fois. Le silence se fait instantanément.

– Mesdemoiselles ! commence-t-il d'une voix qui doit porter au moins jusqu'à Notre-Dame. Cette rentrée, vous le savez, est hélas marquée du sceau de l'épreuve. La France est menacée, la France est en guerre. Toute guerre est effroyable, toute guerre est inhumaine, mais celle-ci l'est particulièrement, car, comme le dit notre cher ministre[1], c'est « le choc violent de la civilisation et de la barbarie, la lutte de la lumière et de l'ombre ». Notre patrie… Votre patrie, mesdemoiselles, est la terre de la bonté, de l'altruisme, de l'idéalisme. Elle a tiré l'humanité de

1. Discours du 2 octobre 1914 du ministre de l'Instruction publique, Albert Sarraut.

l'obscurantisme, ouvert la route du progrès, tracé les chemins de la liberté, de l'égalité et de la fraternité.

Ève regarde ses camarades du coin de l'œil. La plupart semblent transformées en statues, mais d'autres, comme elle, se demandent combien de temps va durer le discours. Louise se ronge les ongles, Jeanne joue du bout des pieds avec les cailloux de la cour.

– « La haine allemande pour la France est celle de la chose qui rampe contre la chose qui éblouit, la haine du reptile pour l'étoile » ! rugit le directeur. L'Allemagne hait tout ce qui fait la grandeur de la France, elle hait sa science, elle hait sa culture, elle hait son esprit, elle hait son cœur, elle hait son génie, elle hait sa tradition, elle hait…

Soudain, le directeur paraît se demander quelle autre vertu typiquement française l'Allemagne pourrait bien haïr. Rouge comme un coq, il se gratte longuement la gorge en roulant des yeux sous ses sourcils broussailleux, fourrage dans sa moustache comme s'il espérait y dénicher la solution de son problème, et enfin lance un regard d'appel au secours vers son adjoint. Mais celui-ci se dandine d'un pied sur l'autre, l'œil vague, apparemment indifférent au désarroi de son chef.

C'est alors qu'Ève croise le regard de Valentine, une brunette à l'œil malicieux, et les deux filles partent d'un fou rire irrésistible. Ève s'efforce de détourner les yeux, car il n'y a rien de plus contagieux que l'envie de rire. Elle espère que regarder une fille à l'air sage l'aidera à retrouver son calme, mais l'expérience lui a appris que cela ne marche jamais. Quand on a envie de rire, tout paraît comique : un menton bourgeonneux, une veste dont le samedi a été boutonné avec le dimanche, un chat qui se promène dans un coin de la cour…

Et voilà ! Les yeux du directeur ont pivoté sur leurs rotules et sont maintenant braqués dans sa direction ! Trop content d'avoir repéré la bouée de sauvetage qui va le tirer de sa situation ridicule, il ne va pas lui faire de quartier.

– Mademoiselle Curie ! vocifère-t-il. Avant de suivre vos camarades en classe, vous viendrez m'expliquer ce qu'il y a de si amusant à savoir votre patrie en danger. Et maintenant, mesdemoiselles, vous allez gagner vos salles en rang et en silence ! J'ai dit EN SILENCE !

Personne ne pipe mot. Surtout pas Ève, qui se demande quelle punition elle va récolter et quelle excuse elle donnera à Mé. Elle avance tête baissée vers le directeur. Pourvu qu'il ne l'exclue pas du collège pendant trois jours !

Mais non. Cet homme crie très fort, mais au fond de lui il aime les jeunes. Il sait de qui Ève est la fille et il se souvient très bien de l'excellente élève qu'a été Irène. Il ne fait pas partie des ronchons qui estiment que la place d'une femme n'est pas dans un laboratoire, mais dans sa cuisine. D'ailleurs, ce n'est pas un hasard si Mé a choisi pour ses deux filles le collège Sévigné. Il y règne un esprit ouvert, on y donne une grande importance aux langues étrangères, et on y encourage le travail personnel. Mais tout de même, piquer un fou rire lorsque le directeur s'apitoie sur la patrie menacée… Ève s'en tire finalement avec un poème de Victor Hugo à apprendre par cœur : *Depuis six mille ans la guerre…* Quinze strophes, soixante vers ! Une chance que ce soit un des poèmes qu'elle a souvent entendu lire par Grand-Pé…

Lorsqu'elle rentre de l'école, Mé n'est pas à la maison.

– Elle avait un rendez-vous à la Croix-Rouge, explique Irène. Je suis allée m'inscrire pour les cours d'infirmière, tu ne peux pas savoir comme je suis contente ! Je suppose que tu as classe cet après-midi ?

Parce que je ne serai pas là. Je vais louer un cheval et un chariot pour transporter à l'Institut du radium du matériel de l'ancien labo de Mé. Elle m'a chargée de classer les échantillons de minéraux radioactifs. Je dois aussi faire le catalogue des journaux scientifiques pour la nouvelle bibliothèque. Je suis complètement débordée, mais tellement heureuse de pouvoir enfin me rendre utile !

– Tu as de la chance… Remarque, moi aussi, je suis débordée, j'ai un poème de quinze strophes à apprendre, répond Ève.

Elle s'apprête à avouer qu'elle a été punie pour avoir piqué un fou rire, mais Irène a déjà refermé la porte de l'appartement. Un vrai courant d'air ! Ève va s'asseoir à la table de sa chambre et sort son livre de poésie.

Depuis six mille ans la guerre
Plaît aux peuples querelleurs,
Et Dieu perd son temps à faire
Les étoiles et les fleurs.

Elle soupire. Six mille ans de guerres… Les hommes sont fous ! Voilà une mission qu'elle aimerait accomplir : les convaincre qu'il y a mieux à faire que se battre et s'entre-tuer. Mais elle n'est encore qu'une petite fille. Comme le dit Mé, tout ce qu'on lui demande, c'est d'aller à l'école et de bien travailler.

CHAPITRE 6

Le baptême du feu

Irène ouvre les yeux d'un seul coup. Il fait nuit noire, son réveil n'a pas encore sonné. Elle allume la lampe de chevet. Cinq heures un quart ! Il est encore bien tôt pour se lever, mais pourquoi traîner au lit alors qu'elle ne pourra pas se rendormir ?

– C'est aujourd'hui ! murmure-t-elle pour elle-même en s'étirant.

Elle finissait par croire que ce moment n'arriverait jamais. Mé a dû courir à travers Paris d'un bureau de l'administration à l'autre pour obtenir les autorisations nécessaires à la mise en route de son projet. Chaque jour, elle montait un peu plus haut dans la hiérarchie militaire. Cela s'est finalement terminé dans le bureau du ministère de la Guerre, où tout s'est miraculeusement arrangé. Elle est enfin revenue à la maison en brandissant l'ordre de mission qui l'autorisait à quitter Paris pour gagner la zone des armées. Quelques démarches encore, de garages en fabricants de matériel médical, et le départ a été fixé pour le dimanche 1er novembre.

Lorsque Irène se glisse sans bruit dans la cuisine, Mé s'y trouve déjà, devant son café du matin. Elle sourit à sa fille aînée, l'air fatigué mais comme toujours pleine d'énergie. Irène prend un bol dans le placard et s'assied en face d'elle. Mère et fille n'ont pas toujours besoin de parler pour se comprendre. Ce petit déjeuner est comme une veillée d'armes, on a déjà tout dit sur ce départ et Irène sait exactement comment les choses vont se passer. Son petit sac de voyage est prêt : un carnet noir pour prendre des notes, sa blouse blanche et son voile d'infirmière. Quelques affaires de toilette aussi, juste au cas où. Aujourd'hui, leur destination est l'hôpital de Creil, à un peu plus de soixante kilomètres de Paris. Elles n'y passeront en principe que la journée, mais on ne sait jamais !

Blottie sous ses couvertures, Ève a été réveillée par les pas rapides et les chuchotements. Elle avait l'intention de se lever pour aller embrasser sa mère et sa sœur, mais elle s'est rendormie, et lorsqu'elle émerge de nouveau du sommeil, l'appartement est retombé dans le silence. Trop tard, elles sont parties ! Ève allume la lumière, regarde son réveil : huit heures, la voiture doit déjà être loin.

Elle se trompe ; en réalité, la voiture n'est encore qu'à mi-chemin. Le chargement du matériel a pris un temps infini. On a eu un mal fou à caler la couchette, et ensuite il a fallu placer les appareils avec soin, pour qu'ils ne se baladent pas dans le fourgon pendant le trajet. Et cela sous une pluie battante ! Mais tout le monde a fini par grimper dans la Renault transformée en fourgon : le chauffeur, Mé, un médecin radiologue et deux assistants, dont Irène. Tous les cinq sont maintenant tassés comme des sardines dans le véhicule chargé jusqu'à la gueule. La voiture est si lourde qu'elle ne peut dépasser cinquante kilomètres à l'heure, d'autant que les feuilles mortes gorgées d'eau rendent la route dangereusement glissante.

– Si seulement la pluie pouvait cesser, soupire Mé.

– « Quand en novembre la pluie noie la terre, ce sera du bien pour tout l'hiver », récite le chauffeur dans l'espoir de lui remonter le moral.

Les proverbes sont bons pour les temps de paix, songe Irène. Quel bien les soldats pourraient-ils attendre d'un hiver qu'ils vont passer dans des abris de fortune à guetter l'ennemi ?

Finalement, on arrive enfin en vue de Creil, une petite ville sombre et sinistre à une quarantaine de kilomètres de Compiègne, où passe la ligne de front. La voiture s'arrête devant l'entrée de l'hôpital militaire, un vilain bâtiment très abîmé par les bombardements. Un planton trempé jusqu'aux os va et vient devant l'entrée, la mine sombre. Mé lui montre son laissez-passer et demande qu'on fasse venir le chirurgien responsable. Après une longue attente, on voit arriver un homme mal rasé, les yeux injectés de sang, semblant au bord de l'épuisement. Il regarde la voiture avec méfiance.

– Bonjour, messieurs… madame…

Mé descend, se présente en quelques mots et lui tend son ordre de mission.

– Je ne vois pas bien ce que vous pourrez faire, conclut-il après y avoir jeté un vague coup d'œil.

Il lève les yeux vers le ciel qui continue à déverser une pluie glacée.

– Tout est expliqué dans le document que je viens de vous remettre, réplique Mé calmement, mais avec fermeté.

– Je sais lire, bougonne le chirurgien. Je me pose juste des questions sur l'utilité des rayons X. Mais je suppose que je serai bientôt fixé. On vient justement de nous amener tout un contingent de blessés qu'il va falloir examiner.

– Alors il n'y a pas de temps à perdre, décrète Mé en remontant en voiture.

Irène trouve cet homme profondément antipathique. Le petit commentaire qu'il vient de prononcer en pinçant les lèvres signifie en réalité : « Ce n'est pas une femme qui va m'apprendre mon travail. Prix Nobel ou pas, je vous attends au tournant ! » Il ne sait pas encore à quelle personnalité il a affaire, il va voir ce qu'il va voir !

Le chauffeur va se garer dans la cour, et la petite équipe se met à la recherche d'une salle, précédée par le chirurgien qui marche à toute vitesse, comme s'il espérait semer ces intrus. Malgré la vétusté du bâtiment, on repère rapidement une pièce suffisamment grande, éclairée par une seule fenêtre qu'il sera facile de masquer avec un rideau noir.

Toujours sous la pluie, Irène aide ses collègues à transporter le matériel protégé par de vieilles bâches. L'appareil à rayons X est ensuite relié par un long câble à la dynamo restée dans la voiture, qui continuera à tourner sous la surveillance du chauffeur. Il fait un froid de loup, mais personne n'y prête plus attention. Irène n'oubliera jamais l'atmosphère lugubre de ce premier jour de novembre. Le crépitement de la pluie et le souffle irrégulier du vent, les grondements lointains des canons, et surtout les gémissements et les cris de souffrance des blessés entassés partout où on a pu trouver de la place…

Grimpée sur une chaise, elle aide une infirmière de l'hôpital à obscurcir la fenêtre avec le rideau noir. Mé réfléchit à la disposition la plus pratique pour les appareils et pour le matériel de développement des photos. Puis, avec l'autre assistant, elle place quelques écrans de métal et distribue des gants et des lunettes.

– Évitez autant que possible le faisceau des rayons, recommande-t-elle simplement.

Mé est bien placée pour savoir que le travail quotidien sur des métaux radioactifs provoque fatigue et dépression. Tourner le dos aux rayons n'est certainement pas suffisant pour en éviter les effets, mais elle n'est pas du genre à se soucier de sa santé.

La dynamo, mise en marche, se met à ronronner régulièrement.

– Nous sommes prêts, déclare enfin Mé, après avoir vérifié le bon fonctionnement de l'appareil.

Les infirmières quittent la pièce, on entend leurs lourdes chaussures claquer sur le parquet, puis le roulement d'une civière. Irène tourne résolument la tête vers la porte, où apparaît un corps couvert de sang et de boue. Heureusement, la pénombre donne à cette scène effrayante une apparence à peine réelle. Cependant il va falloir qu'elle s'approche de cet homme, et elle ne pourra éviter son regard terrifié et douloureux.

Les traits du blessé sont ravagés par la souffrance, mais Irène voit bien qu'il est très jeune. Tandis qu'on porte la civière vers l'appareil de radio, il murmure d'une voix brisée :

– Ça va faire mal ?

– Pas plus que si on vous prenait en photo ! répond Mé sur un ton enjoué.

– C'est quoi, ces rayons X ?

– Un procédé miraculeux qui va permettre au chirurgien de vous retirer proprement la balle que vous avez reçue.

– C'est pas une balle, c'est des milliers d'éclats qu'il va falloir enlever ! J'en ai partout, je suis foutu ! D'ailleurs, ça m'est complètement égal, je préfère mourir que retourner là-bas, en enfer...

Comme Mé s'active en silence, Irène se penche vers le jeune homme.

– L'enfer a une fin et la vie reprendra, lui

chuchote-t-elle. À présent, vous devez rester parfaitement immobile, pour qu'on puisse prendre un beau cliché bien net !

Mé l'interrompt :

– Ton carnet, lui rappelle-t-elle. Il faut que tu prennes des notes.

Ce n'est plus la douce Mé, c'est une femme énergique et efficace qui sait qu'il n'y a pas une minute à perdre. Irène respire profondément, en s'efforçant de ne pas voir les larmes qui coulent sur les joues du blessé.

Chacun sait précisément ce qu'il doit faire. Des gestes qui se répéteront inlassablement durant des heures. Placer l'écran radiographique au niveau des blessures… Disposer l'ampoule à rayons X à cinquante centimètres exactement de l'écran radiographique… Prendre les clichés – cela, c'est le rôle de Mé… Tirer un calque de l'image qui apparaît sur l'écran, révélant nettement les taches sombres des balles… Transmettre aussitôt les résultats au chirurgien, en espérant qu'il voudra bien en tenir compte…

– Blessé suivant !

Ils sont une trentaine à se succéder ainsi tout au long de cette journée qui ressemble à un cauchemar. Irène obéit aux ordres, déplace l'écran, redresse l'ampoule, prend des mesures. De son écriture rapide, elle remplit le petit carnet noir. « Balle dans l'avant-bras, profondeur de la blessure 5,7 cm », « Nombreux éclats d'obus et fractures », « Balle de shrapnel[1] dans la fesse gauche ». Elle réconforte les blessés d'un mot rapide. Lorsque l'émotion menace de faire vaciller sa voix, elle se contraint à sourire. Si sa main tremble, elle la met derrière son dos comme pour ajuster sa blouse, serre le poing, et reprend comme si de rien n'était.

– Tu t'en es sortie magnifiquement, la félicite Mé comme elles regagnent la voiture, exténuées.

– C'était horrible.

– Avec le temps, tu finiras par t'y habituer.

Irène en doute fort.

---

1. Obus (inventé par le Britannique Henry Shrapnel) qui, en explosant, projette un grand nombre de billes de fer ou de plomb.

CHAPITRE 7

Mission

– Ève Curie ! Espérez-vous vraiment voir la formule du périmètre d'un cercle accrochée aux arbres de la cour de récréation ?

Ève, qui rêvassait le nez en l'air, rectifie la position et se tourne vers le professeur de mathématiques.

– Pas du tout, monsieur.

– Alors quelle est-elle ?

– ϖr^2 !

Le professeur parcourt la classe du regard.

– Qu'en pensez-vous, vous autres ?

– $2\varpi r$! hurlent les élèves dans un unisson presque parfait.

– Bien. Avez-vous écouté le discours de M. le directeur le jour de la rentrée, mademoiselle Curie ? Pensez-vous pouvoir un jour aider votre pays en vous appliquant aussi peu ? Votre désinvolture est déplorable, et je ne suis pas le seul de cet avis. Je vous conseille de vous ressaisir très vite !

Ève pique du nez vers son cahier. L'heure s'écoule sans qu'elle parvienne à écouter un mot. Les démonstrations mathématiques de ce vieux ronchon sont pour elle un charabia sans queue ni tête. Heureusement, le cours suivant est l'anglais, beaucoup plus amusant. Le professeur est une jeune fille qui semble à peine plus âgée qu'Irène. Elle remplace un enseignant parti au front. Elle arrive presque chaque jour dans une nouvelle tenue. De ravissantes vestes cintrées fermées par d'adorables petits boutons, des corsages évasés aux poignets, de larges ceintures qui soulignent sa taille de guêpe, des chapeaux qui sont de véritables jardins… Si un jour Mé la rencontre, elle pensera sûrement que c'est une personne *superficielle*, comme elle dit ! Ève lui voue pourtant une profonde admiration.

D'ailleurs, elle adore l'anglais. Les langues sont passionnantes pour qui rêve de voyager. Sauf que ce matin n'est pas son jour de chance. Ève a oublié d'apprendre la liste de verbes irréguliers recopiée au dernier cours. Et bien sûr c'est elle qu'on interroge ! Elle improvise comme elle peut, mais s'enlise lamentablement dans les *swept* et les *forgotten*[1].

1. « Balayé » et « oublié ».

– Décidément, Ève, vous êtes en train de glisser sur une mauvaise pente, conclut le professeur après l'avoir fait rasseoir. Votre bulletin de décembre était plus que moyen, mais jusqu'à présent j'étais plutôt satisfaite de votre travail en anglais. Si vous vous mettez à dégringoler même dans cette matière…

Elle ne termine pas sa phrase, c'est inutile. Ève a compris : tous les professeurs se plaignent d'elle. Un de ces jours, le directeur va demander à voir Mé, et il lui annoncera que sa seconde fille risque de redoubler sa sixième si elle ne met pas sans tarder un bon coup de collier. Mé sera extrêmement mécontente, elle qui a appris à lire toute seule, a toujours travaillé comme une acharnée et attache tant d'importance aux études !

Sa situation lui semble tout à coup désespérée. Pendant des semaines, Ève a tenté de se convaincre que tout était comme avant. Elle est toujours gaie et elle plaisante avec Waleczia et Jozzia, mais au fond d'elle-même elle sait que ce n'est plus qu'une comédie, qu'en réalité elle a perdu son insouciance et son optimisme.

Quai de Béthune, l'appartement a depuis quelques mois l'allure d'un campement provisoire. Mé y fait de brèves apparitions, les yeux creusés par la fatigue, toujours prête à repartir dans une des voitures qu'on appelle maintenant les «Petites Curie». Elle est parvenue à en équiper vingt, qui vont et viennent entre Paris et la ligne de front. Les appels arrivent n'importe quand, en plein dîner ou le dimanche matin de bonne heure. Aussitôt, sans même terminer leur repas, Irène et elle filent vers Compiègne, Calais, Abbeville, Amiens, Dunkerque, Reims, ou même jusqu'en Belgique, laissant Ève mélancolique et inquiète. Et quand elles restent à Paris, elles sont à peine plus visibles que des fantômes. Mé passe des heures à l'Institut du radium, où elle forme des manipulatrices radio. Quant à Irène, soit elle accompagne sa mère à cet institut de malheur, soit elle est à la Sorbonne. Et, de retour à la maison, elle s'enferme dans sa chambre pour travailler, à moins qu'elle ne rattrape quelques heures de sommeil après des nuits blanches.

– Non, Ève, chuchote alors Mé, pas de piano aujourd'hui, Irène a absolument besoin de dormir!

Ève en arrive presque à attendre avec impatience le prochain départ de sa mère et de sa sœur, pour ne plus culpabiliser d'être cette petite chose inutile qui erre comme une âme en peine dans l'appartement déserté. Mais dès qu'elles sont au loin, elles lui manquent terriblement. Elles prétendent qu'elles ne sont pas en danger, que même les Allemands ne bombarderaient pas des hôpitaux. Peut-être, mais en chemin ? Ève est convaincue que des obus survolent les routes à la recherche de cibles facilement repérables, comme de grandes voitures grises marquées d'une croix rouge.

Pour se donner l'illusion d'être elle aussi au cœur de l'action, elle a punaisé sur un mur une grande carte de l'Europe. Elle a confectionné de petits drapeaux français et allemands, qu'elle pique le long de la ligne de front pour indiquer les progrès des troupes. Et elle plante aussi des drapeaux blancs à croix rouge partout où passent Mé et Irène. Au fur et à mesure qu'on s'enfonce dans l'hiver, qu'à Paris on souffre du froid par manque de charbon et que les files d'attente s'étirent devant les magasins, les croix rouges se multiplient. Ève les regarde souvent avec fierté et tendresse. Si seulement un quatrième drapeau – le sien – venait compléter le paysage ! Mais à quoi bon planter un drapeau inutile sur Paris ? Que peut faire une fillette de dix ans dans un pays en guerre, sinon attendre et espérer ?

Voilà donc les pensées moroses qu'elle rumine pendant la troisième heure de cours. C'est le français, une de ses matières préférées... avant la guerre. Aujourd'hui, elle se demande à quoi bon écrire des rédactions et imaginer des histoires qui seront tellement fades, comparées à la tragique réalité.

– Ève Curie ! Pourriez-vous, s'il vous plaît, me répéter ce que je viens d'expliquer ?

Ève sursaute. Qu'est-ce qu'ils ont tous contre elle, ce matin ? La tête vide, incapable de répondre, elle lève les yeux vers le professeur. Et, à sa grande honte, sans même savoir pourquoi, elle sent les larmes emplir ses yeux. Elle cligne très fort les paupières, s'efforce de penser à quelque chose de drôle – mais quoi ? Aucune idée amusante ne lui vient à l'esprit. Rien n'y fait, les larmes commencent à ruisseler sur ses joues et ses lèvres à trembler.

– Mon Dieu, qu'avez-vous, Ève ? l'interroge son professeur, soudain radoucie. Vous ne vous sentez pas bien ? Voyons, il ne faut pas vous mettre dans un état pareil, ma petite fille !

Ma petite fille... Les vannes se rompent, Ève éclate en sanglots. Le professeur s'approche de son bureau, se penche vers elle, la prend par l'épaule.

– Qu'est-ce qu'il y a ? Vous avez appris une mauvaise nouvelle du front ? Quelqu'un de votre famille ? Un oncle ? Un cousin ?

– Non, pas du tout… chevrote Ève. Je ne sais pas… C'est la guerre, tout ça, tous ces gens malheureux, tous ceux qui se font tuer ou qui reviennent infirmes, défigurés… C'est horrible, et nous, on est là… Tout ça parce qu'on est des filles et qu'on est trop petites, on ne peut rien faire. À quoi ça sert de bien travailler à l'école quand les hommes vont se faire tuer au loin ? À rien du tout !

Un silence de mort règne dans la classe tandis que le professeur de français tente de réconforter Ève à l'aide de gestes tendres et de mots gentils. Puis, elle se redresse, retourne vers l'estrade, et déclare :

– Je comptais attendre la fin du cours, mais je pense qu'il est temps… Comme je suis votre professeur principal, M. le directeur m'a chargée de vous parler de quelque chose d'important.

Soulagée de ne plus être le point de mire de ses camarades, Ève se mouche discrètement et croise les bras en s'efforçant de retrouver son calme.

– Vous savez sûrement que nos militaires ont une vie extrêmement dure, poursuit le professeur. Ils passent des semaines entières au fond de tranchées creusées dans la terre, en danger constant d'être bombardés et avec un manque de confort incroyable. J'ai entendu certaines d'entre vous se plaindre du froid dans les salles de classe... Imaginez ce que doivent souffrir nos malheureux soldats ! Transis du matin au soir, mal nourris, ils attrapent des bronchites, ont des maux de ventre, des poux, que sais-je encore ! Bref... Au sein de ces journées terribles, leur seul réconfort, en dehors de l'heure de la soupe, c'est la distribution du courrier. Pensez à leur joie quand ils reconnaissent l'écriture de leur mère, de leur sœur, de leur fiancée... De quelqu'un qu'ils aiment et qui pense à eux, qui leur raconte comment on vit à l'arrière, qui leur redit sans cesse à quel point on espère leur retour. Malheureusement, quelques-uns d'entre eux n'ont pas de famille. Ou s'ils en ont une, elle ne se tracasse pas beaucoup pour eux pour une raison quelconque. Je suppose que vous avez toutes assez de cœur pour deviner la tristesse qui les envahit quand ils voient leurs camarades lire et relire de longues lettres affectueuses, et les porter sur eux comme des talismans en montant à l'attaque.

Ève n'a aucune peine à imaginer ce qu'ils doivent ressentir. L'impression d'être à part, de ne pas mériter l'estime des autres... Oui, ce doit être un sentiment affreux.

– Pour ces soldats, on vient de créer[1] une association qui a pour nom La Famille du soldat. Je vous explique en quelques mots en quoi elle consiste… Je présume que vous avez toutes une marraine. Du moins celles, parmi vous, qui sont baptisées.

Un murmure parcourt la classe. Oui, toutes les élèves savent ce qu'est une marraine.

– Eh bien, on va donner une marraine à chacun de ces malheureux soldats isolés ! Une femme ou même une toute jeune fille qui prendra soin de lui comme si elle était réellement sa marraine. Elle lui écrira très régulièrement. Elle lui enverra de petits colis contenant ce qui peut lui manquer : du chocolat, des biscuits, un saucisson, une lampe de poche… Et elle tricotera pour lui des vêtements chauds : chaussettes, gants, genouillères… dont elle trouvera les modèles dans *L'Écho de Paris*. C'est d'ailleurs grâce aux annonces publiées dans ce journal qu'elle choisira un soldat à choyer. Que pensez-vous de ce projet, mesdemoiselles ?

Les demoiselles en pensent le plus grand bien, à en juger par l'excitation qui agite les rangs.

– Allons, allons, moins de bruit ! les rappelle à

1. Le 11 janvier 1915.

l'ordre le professeur en frappant dans ses mains. Il ne s'agit pas d'un jeu, mais d'une mission importante, dont dépendra peut-être en partie l'issue de la guerre, et donc l'avenir de la France. Celles qui s'engageront ne devront pas le faire à la légère. Une lettre par semaine au minimum, des colis, et le souci constant d'aider moralement et concrètement un de ceux qui combattent pour notre liberté. Lesquelles d'entre vous se sentent prêtes à prendre une telle responsabilité ?

Des mains se lèvent, certaines avec enthousiasme, d'autres moins hardies. Ève n'a pas la moindre hésitation. La voilà enfin, la mission qu'elle espérait de tout son cœur !

CHAPITRE 8

Albert le poète

8 février 1915

Chère gentille demoiselle,

Vous ne pouvez imaginer à quel point vos lettres illuminent mes journées. Il faut dire qu'ici, au fond de ces galeries creusées dans une terre sombre et humide, on finit par oublier le sens du mot « lumière ». Quand le vaguemestre[1] *arrive avec sa liasse de lettres, il me semble que mon cœur s'arrête de battre, jusqu'à ce qu'il me tende la petite enveloppe beige oblitérée à Paris, et alors…*

17 février 1915

… J'ai été transféré dans la troisième ligne de tranchée, celle qu'on utilise entre autres pour stocker le

1. Militaire chargé du courrier dans une unité militaire.

ravitaillement. Nos chefs prétendent que c'est la plus sûre, mais on y est tout de même exposé à l'artillerie ennemie de longue portée. Et puis imaginez un peu ce supplice de Tantale (vous chercherez dans le dictionnaire ce que cela signifie !) : dormir à côté de stocks de vivres auxquels on n'a pas le droit de toucher !

21 février 1915

… Mes chaussures bayent aux corneilles, mon pantalon est plein de courants d'air, la faim me tord l'estomac, mais deux choses me permettent de tenir : vos lettres, et l'attente des premières primevères. Si elles parviennent à sortir de terre dans ce monde de folie, cela signifiera que rien n'est perdu. Quant à vos lettres, elles me rappellent qu'il existe encore de la douceur quelque part. Souvent, elles me font rire aussi ! Continuez à me faire rire, gentille Ève (je peux vous appeler par votre joli prénom ?), cela m'aide à tout supporter !

Aujourd'hui, je vais me conduire comme un horrible égoïste et vous demander deux choses. La première : me tricoter des genouillères très épaisses. Attraper des rhumatismes à 23 ans, c'est une honte, et pourtant c'est ce qui m'arrive… Elles n'ont pas besoin d'être belles, vous pouvez y laisser des trous (pas trop tout de même, pour éviter les courants d'air !), il faut juste qu'elles me tiennent bien chaud. Et la seconde : recopier pour moi le poème de Rudyard Kipling dont vous m'avez parlé dans votre dernière lettre. Je n'arrive pas à me le rappeler entièrement. Merci ! Merci ! De mon côté, j'essaie de retrouver dans ma mémoire un poème de John Keats que j'aime particulièrement (j'adore les poètes anglais) et que je veux vous envoyer.

Ève relit souvent les lettres de son poilu, dans l'ordre ou dans le désordre, en sautant des passages et en relisant plusieurs fois les mêmes.

« Poilu », quel drôle de mot ! Elle a demandé à Mé pourquoi on a baptisé ainsi les combattants français, mais personne ne connaît vraiment la réponse. Est-ce un terme familier pour signifier qu'ils ont du courage, ou bien cela vient-il de ce qu'ils n'ont guère le temps de se raser ? Le poilu d'Ève est-il moustachu ou barbu ? Elle ignore à quoi il ressemble et n'a pas encore osé s'en enquérir.

Elle sait cependant beaucoup de choses sur lui. Ses parents habitent dans un petit hameau du Finistère et ne savent pas écrire. Il est le seul de sa famille à avoir fait des études. Quand la guerre a éclaté, il était un tout jeune instituteur, ce qui lui a permis d'obtenir automatiquement le grade de lieutenant. Mais Ève a l'impression qu'il n'en tire aucune fierté, et que d'ailleurs il n'aime pas beaucoup l'armée. Bien sûr, il ne le lui a pas écrit. Jamais il ne prendrait le risque de laisser entendre qu'il trouve cette guerre inutile ou inhumaine, car il n'ignore pas que toutes les lettres sont lues par un comité de censure qui s'assure que personne n'y donne des informations secrètes.

Au fil des semaines, Ève s'est mise à éprouver pour lui amitié et admiration.

– Comment imagines-tu ton soldat ? lui a un jour demandé Waleczia.

– Ce n'est pas un soldat, c'est un lieutenant et il s'appelle Albert ! Comment je l'imagine ? Pas très grand, plutôt mince, l'air intelligent. Il doit avoir des yeux bleus, comme moi, puisqu'il est breton. Il aurait aimé être poète, mais il n'était pas assez doué et il n'avait pas envie de mourir de faim, alors il est devenu instituteur. Il adore faire de la bicyclette, comme moi, ça lui donne l'impression d'être seul au monde. Il se lève tôt pour respirer les parfums de la nature avant d'aller à son travail. Il aime l'odeur du feu de bois, le vent, les hortensias, le chocolat, la littérature et les animaux. Son père lui faisait un peu peur quand il était petit, mais maintenant il ne l'impressionne plus beaucoup. Il se méfie des gens qui se jettent à votre cou sans vous connaître, mais quand il a un ami, c'est pour la vie.

– Il écrit tout ça ?

– Pas exactement, mais c'est facile à deviner. Tu sais, il y a les mots écrits et les invisibles, ceux qui apparaissent entre les lignes quand on relit la lettre plusieurs fois. Au collège, certaines filles se moquent de moi. À les entendre, mon poilu pense que j'ai au moins dix-huit ans et il compte me faire la cour pendant sa prochaine permission. Enfin, me faire la cour... Tu vois ce que je veux dire !

– Pas du tout, rétorque sévèrement Waleczia.

Ève éclate de rire.

– Oh, Waleczia, tu es toujours si sérieuse, on dirait que tu as cent ans ! Albert est instituteur, c'est un homme tout ce qu'il y a de bien ! Il avait une petite sœur qui est morte d'une pneumonie à huit ans. Je crois que c'est un peu pour elle qu'il écrit quand il me raconte sa vie dans les tranchées. Une petite sœur... Tu vois bien qu'il n'y a pas de quoi t'inquiéter ! D'ailleurs, il sait que je n'ai que dix ans. Je lui parle du collège et un peu de ma vie à la maison. Mais je n'ai rien dit des prix Nobel, ça pourrait l'effrayer. Curie, c'est un nom assez répandu, il n'a pas dû faire le rapprochement avec Pé et Mé. Il n'est peut-être même pas au courant qu'une femme a eu le prix en 1911 ! Les sciences ne l'intéressent pas beaucoup, lui non plus. Par contre, il lit beaucoup et dévore Kipling, comme moi.

Waleczia hausse les épaules.

– Comme moi… Comme moi… Au lieu de bavarder, tu fais mieux de tricoter, si tu veux que ton soldat reçoit ses genouillères avant l'été.

– Mais c'est toi qui n'arrêtes pas de me poser des questions, Waleczia !

Ève reprend ses aiguilles et regarde avec perplexité le journal ouvert devant elle.

– J'ai un très gros souci, soupire-t-elle. Albert ne m'a pas donné son tour de mollet. Imagine qu'il n'arrive pas à monter mes genouillères plus haut que les chevilles ? D'un autre côté, avec ce qu'il mange, il ne doit pas être bien gros… Au fait, j'ai eu une idée : si on faisait des confitures ? Je pourrais lui envoyer un pot !

– Des confitures en février ? Des confitures de quoi ? De navets ?

– Ah oui, tu as raison. Alors un gâteau au pavot. Je suis sûre qu'il se régalera.

– Quand tu finis de tricoter.

Les aiguilles se remettent à cliqueter.

– Je me demande bien à quel poème de Keats il pense. *Bright Star* ? *Ode to a Nightingale*[1] ?

27 mars 1915

… Il y a deux jours, on a donné l'ordre de l'assaut. Savez-vous ce qu'on ressent à ce moment-là ? Rien ! Cela vous étonne ? Si on faisait exploser un pétard dans vos oreilles, le bruit serait si assourdissant que vous ne comprendriez pas ce qui vous arrive, n'est-ce pas ? C'est ensuite que vient le pire, quand c'est fini… Un silence plus effrayant encore que le fracas de la bataille, puis les gémissements et les supplications : « Brancardiers ! Brancardiers ! »

Trois de mes camarades ont été tués, cinq grièvement blessés. Mon ami Victor, qui chantait si bien le soir à la veillée, a été pour ainsi dire décapité. Nous les avons enterrés hier, dans des cercueils bricolés avec des planches. Je n'ai même pas essayé de me cacher pour pleurer.

Et vous ? Le calcul mental vous empêche-t-il vraiment de dormir ? Cette chose horrible a sûrement été

1. *Étoile lumineuse* et *Ode à un rossignol.*

inventée par un Chinois à la recherche d'un nouveau supplice. Mais je suis instituteur et je connais tous les trucs. La prochaine fois que votre professeur vous fera les gros yeux, posez-lui une colle. Il faut parler très vite pour ne pas lui laisser le temps de réfléchir. Je vous conseille de vous entraîner avec votre maman ou votre sœur. Voilà ce que ça donnera :

Vous : 1040 et 1040 ?

Lui (d'un air très vaniteux) : 2080 !

Vous (très vite) : Et 10 ?

Lui (ricanant) : 2090 !

Vous (encore plus vite) : Et 10 ?

Je mets ma main au feu qu'il répondra du tac au tac : « 3000 ! » C'est ce que tout le monde répond, alors qu'il faudrait dire « 2100 ». Il sera tellement humilié qu'il vous laissera tranquille jusqu'à la fin de l'année.

Juin 1915

… Dans quelque temps, il se peut que je ne puisse plus vous écrire. Il paraît qu'on va frapper un grand coup. Je me prépare pour le cas où cela se terminerait mal pour moi. J'ai aussi écrit à mes parents, en espérant qu'ils trouveront quelqu'un pour leur lire ma lettre.

– Et s'il lui arrivait quelque chose ? s'inquiète Ève. Je ne le saurais même pas !

Mé, d'habitude plutôt réservée dans ses gestes d'affection, prend sa cadette dans ses bras et la serre fort.

– Ne t'inquiète pas, mon Évette, il ne lui arrivera rien, dit-elle en déposant un baiser dans ses cheveux. De toute façon, tu serais prévenue si jamais... Tu es sa marraine, c'est comme si tu faisais partie de sa famille.

– Tu crois ? Tu es sûre ? Oh, Mé, c'est tellement affreux quand quelqu'un qu'on aime meurt... Quand Grand-Pé est mort...

Ève s'interrompt net. Elle n'avait que cinq ans quand son Grand-Pé les a quittées, cependant elle se souviendra toujours de la sensation horrible qu'elle a ressentie lorsqu'elle a compris qu'elle ne le reverrait plus jamais. C'était comme tomber dans un puits sans fond. Mais pour Mé, qui pourtant aimait énormément Grand-Pé, la mort de Pé a dû être mille fois plus effroyable encore.

– Oui, Évette, c'est terrible. Mais ce n'est pas en t'inquiétant que tu aideras ton poilu... Écris-lui à quel point tu l'admires, cela lui donnera le courage dont il va avoir besoin. Puisqu'il aime la poésie, tu pourrais lui envoyer un beau poème.

– Oh oui, Mé, quelle bonne idée ! Je vais aussi le prévenir que je vais passer l'été à l'Arcouest et que mes lettres mettront encore plus de temps à lui parvenir. Il serait trop malheureux s'il allait s'imaginer que je ne pense plus à lui !

CHAPITRE 9

À chacun son rôle

– C'est meilleur que les cantines des hôpitaux militaires ! s'exclame Irène devant la purée de rutabagas que leur a préparée Waleczia.

Elle se tourne vers Ève.

– Tu verrais comment on vit, là-bas, tu serais horrifiée. Des vraies nomades dans leurs roulottes. On circule par tous les temps, on dort comme on peut et où on peut, et on mange n'importe quoi. Tu pousserais les hauts cris rien qu'à voir la façon dont s'habille Mé.

– Tu exagères, proteste celle-ci. J'ai la même blouse blanche que les infirmières, je ne vois pas ce que je pourrais porter d'autre.

– Bien sûr, mais tu sais comment sont les gens avec leurs préjugés ridicules. Quand les médecins te voient débarquer avec ton vieux manteau et ton chapeau tout cabossé, ils sont sûrement convaincus qu'ils n'auront aucun mal à se débarrasser de toi.

– Mais pourquoi se débarrasser de Mé ? les interroge Ève, stupéfaite. Ils savent pourtant que vous êtes là pour les aider !

Sa mère hausse les épaules.

– C'est ce que tu crois. Beaucoup sont persuadés que la radiographie ne sert à rien, qu'il vaudrait mieux opérer très vite, avant même de savoir où chercher les balles et les éclats d'obus.

– C'est lamentable, renchérit Irène. On perd plus de temps à les convaincre qu'à installer le matériel. Mais tu verrais Mé, Ève, elle est admirable. Quand elle demande quelque chose d'un peu compliqué qui ne plaît pas au médecin, et qu'il réplique que ça ne se fait jamais, tu sais ce qu'elle lui dit de sa voix douce et en le regardant droit dans les yeux ? « Eh bien, vous le ferez quand même ! »

– Bravo ! la félicite Ève.

Mé sourit.

– Quand on sait ce qu'on veut, et que ce qu'on veut est bien, on finit toujours par l'obtenir. La volonté et la constance sont beaucoup plus efficaces que les cris.

Le regard qu'Ève jette en coulisse à sa sœur aînée n'échappe pas à Mé.

– Qu'est-ce qu'il y a, Ève ?

– Mais rien, rien du tout !

– Voyons, je te connais, tu as une idée derrière la tête !

Irène rit.

– Moi, j'ai compris ! Elle se dit que tu as toujours fait comme cela avec nous. Tu ne te fâches presque jamais, mais tu ne lâches rien tant que tu n'as pas obtenu ce que tu veux. C'est bien ça, Évette ?

– Exactement !

– Il m'arrive tout de même parfois de perdre patience, avoue leur mère.

– Oui, comme le jour où tu as lancé par la fenêtre le livre de maths d'Irène parce qu'elle ne t'écoutait pas !

– J'ai encore peine à croire que j'aie pu faire ça, s'étonne Mé. Tu avais dû être particulièrement impossible, Irène ! Mais cette fois-là tu m'as rendu la monnaie de ma pièce, je m'en souviendrai toujours : tu n'as pas pleuré, tu ne t'es même pas révoltée. Tu t'es levée tranquillement, tu es descendue dans le jardin pour récupérer le livre, puis tu es remontée comme si de rien n'était et tu as donné la bonne réponse à ma question.

– Et ensuite j'ai été plus attentive ! conclut Irène. Sans aucun mérite, d'ailleurs, puisque j'ai toujours adoré les maths.

« J'aurais mieux fait de me taire, se dit Ève. Si je ne trouve pas tout de suite un autre sujet de conversation, le déjeuner va se terminer par un calcul de dérivées… »

– À propos, fait Mé, pour le problème dont tu m'as parlé hier soir, Irène, j'ai pensé à une méthode…

– Quand est-ce qu'on part à l'Arcouest ? s'empresse de la couper Ève.

Sa mère et sa sœur froncent les sourcils.

– Mais enfin, Ève, Mé était en train de parler !

– Irène a raison, couper la parole est très incorrect. D'ailleurs, je ne sais pas du tout quand on partira. Pas plus que je ne sais si je pourrai aller à l'Arcouest avec vous. Il est même possible qu'Irène non plus ne puisse pas y aller dès le début des vacances.

– Rien que des bonnes nouvelles, soupire Ève.

– Je me vois mal partir au bord de la mer alors qu'on peut avoir besoin de moi dans les hôpitaux du front, se justifie Irène.

Même si le sujet n'est pas très gai, Ève préfère encore parler de la guerre que de mathématiques.

– Je me demande comment tu supportes de voir tous ces blessés.

– Moi aussi, répond Irène. Et pourtant Mé avait raison quand elle m'a dit que je m'habituerais.

S'habituer n'est pas vraiment le mot, parce qu'on ne peut pas s'habituer à des visions aussi horribles. Disons plutôt que j'ai trouvé le moyen de garder mon sang-froid. Il suffit de considérer chaque blessé comme un problème à résoudre le plus rapidement et le plus simplement possible.

– Un problème ! proteste Ève horrifiée.

– Au moment où on réalise la radiographie, oui ! Bien sûr, quand on nous les amène dans la salle et ensuite, quand les clichés sont pris, je leur parle ou j'essaie de les réconforter, et là j'ai très souvent envie de pleurer. Mais ce qui compte, c'est de les aider *vraiment*, et pour ça les paroles ne peuvent pas grand-chose. Tu comprends ?

– En réalité, intervient Mé, les deux sont aussi importants l'un que l'autre : les soins physiques et le soutien moral. Tu sais, Évette, chacun a son propre rôle à jouer, selon son caractère et ses dispositions. Irène et moi, nous sommes avant tout des scientifiques. Notre premier devoir est donc de tirer le meilleur parti de nos connaissances pour sauver ces hommes.

Nous sommes avant tout des scientifiques… Si Mé n'était pas si pudique, si Ève n'avait pas si souvent tendance à se sentir à part, Irène se jetterait au cou de sa mère pour la remercier d'avoir prononcé ces paroles.

– Toi, mon Évette, poursuit Mé, tu es une artiste. Si tu étais avec nous au front, tu pourrais lire des poèmes ou jouer une merveilleuse musique, et je suis absolument convaincue que cela apaiserait les tourments des blessés. Mais imagine la tête des médecins-chefs en voyant arriver une fillette de dix ans et demi leur réclamant un piano ! Et puis pourquoi irais-tu sur les routes, alors que tu peux faire beaucoup mieux ici en écrivant de belles lettres à Albert ?

– C'est vrai, insiste gentiment Irène. Moi, je serais absolument incapable de réconforter un poilu à distance. Tu vois le tableau ? Dès la deuxième page, je lui proposerais une équation pour lui changer les idées !

– N'importe quoi ! proteste sa sœur en riant. Tu étais bonne en français et tu adores lire !

– Et alors ? Ça ne m'empêche pas d'être beaucoup plus à l'aise avec les chiffres et les formules. Quant à la musique… Si M. Paderewski m'avait entendue jouer, il se serait enfui en courant !

Il y a quatre ans, alors qu'Ève n'était encore qu'une très petite fille, Mé a demandé à un ami polonais, le grand pianiste Ignacy Paderewski, de l'écouter jouer.

Il en a conclu qu'elle avait un talent exceptionnel et que, si elle le désirait, elle pourrait devenir une grande pianiste.

– Pour en revenir au problème d'hier soir… reprend Mé.

« C'est reparti ! » se lamente intérieurement Ève. Cependant, elle termine sa purée tout à fait rasséré-née. Mé a raison, chacun a un rôle à jouer, et le sien est de soutenir Albert.

CHAPITRE 10

Un fantôme

« Est-ce que je serai à la hauteur ? »

Sur son lit de camp de l'hôpital de Hoogstade, Irène se répète cette question en boucle depuis que Mé lui a fait part de sa décision. Sa mère a présenté les choses sous une forme interrogative, mais pas un instant Irène n'a songé à refuser.

– Le besoin de manipulateurs et de radiographes est de plus en plus important, a déclaré Mé. Je dois absolument rentrer à Paris pour développer encore davantage la formation à l'Institut du radium. Acceptes-tu de rester ici à ma place ?

Irène a regardé sa mère avec incrédulité.

– Comment cela, à ta place ? Tu veux dire comme responsable du service de radiologie ? Tu penses vraiment que j'en serai capable ?

– Je ne le pense pas, ma chérie, j'en suis certaine.

– Et tu crois que les médecins vont obéir à une jeune fille de dix-sept ans ?

– Dix-huit, la corrige sa mère. Tu en auras dix-huit le 12 septembre, c'est-à-dire dans quelques semaines. Par les temps que nous vivons, on regarde plus les compétences que la date de naissance. Or tu as autant d'expérience que moi en ce qui concerne la radiologie. Et puis tu es la seule en qui j'aie totalement confiance. Alors ?

– Alors c'est oui, Mé, bien sûr !

Bien sûr, mais cela ne va pas être facile…

Pour commencer, il y a l'éloignement. Hoogstade est un petit hameau belge situé à une bonne quarantaine de kilomètres au nord de Lille, et à seulement dix-sept kilomètres de la ligne de front. Si loin de Paris… Même en cas de grosse crise de découragement, pas question de faire un aller-retour jusqu'au quai de Béthune pour chercher réconfort auprès de Mé !

Pourtant, non, à y réfléchir, l'éloignement n'inquiète pas vraiment Irène.

L'inconfort non plus, d'ailleurs. Depuis le mois de janvier, elle a eu tout le temps de s'y habituer, et il n'est pas pire à Hoogstade qu'ailleurs. Cet hôpital militaire est constitué de deux anciens bâtiments de ferme, bordés d'un côté par des champs qui descendent en pente douce vers un ruisseau.

La plupart des infirmières dorment sous les toits, dans un immense grenier auquel on accède par un escalier en colimaçon : une petite soixantaine d'infirmières et d'aides-infirmières anglaises, six ou sept lingères flamandes, sans compter le personnel de cuisine... tout ce petit monde dans une longue salle où les nuits d'été sont étouffantes et les nuits d'hiver glaciales ! Pour ce qui est de la toilette, on se contente d'une bassine en zinc et d'eau froide, car l'eau chaude est trop précieuse pour être gaspillée. Inconfort pour inconfort, Irène préfère se joindre à celles qui dorment sous des tentes. Au moins, les nuits de canicule, peut-elle se glisser audehors pour dormir à la belle étoile, comme elle aime tant le faire lorsqu'elle part en randonnée dans les montagnes corses. Non, l'inconfort ne la dérange pas.

L'énorme charge de travail n'est pas non plus pour l'effrayer, elle a toujours détesté se tourner les pouces. Depuis le début de l'été, Mé et elle se lèvent à cinq heures du matin, radiographient presque sans interruption jusqu'au soir et se couchent éreintées, mais avec la certitude d'avoir sauvé des vies.

Quant à la souffrance, Irène s'est accoutumée à la côtoyer.

Ce qu'elle redoute, ce sont les relations avec les médecins qui se méfient de la radiologie, surtout pratiquée par une jeune fille. Le directeur de l'hôpital est un homme remarquable avec qui Mé a eu de longues discussions passionnantes. Mais il faut aussi compter avec un certain Van Meeven, un insupportable médecin militaire qui a pris Irène et Mé en grippe dès leur arrivée. Il est peut-être très bon médecin, mais Mé a tout de suite repéré qu'il était à peu près nul en géométrie ! Or la géométrie est indispensable pour lire les clichés radiographiques.

– Tu sais comment t'y prendre avec ce genre de personnes, lui a rappelé Mé avant de quitter Hoogstade. Répéter indéfiniment les démonstrations et ne jamais hausser la voix… Nous sommes bien d'accord…

– … que je ne quitterai pas l'hôpital sans être certaine que plusieurs médecins connaissent parfaitement la technique, a terminé Irène. Tu peux compter sur moi, Mé.

Mé est donc partie, et le ciel n'est pas tombé sur la tête d'Irène, même s'il s'en est parfois fallu de peu ! Souvent, la nuit, allongée dans l'herbe, la jeune fille observe la voûte étoilée dans laquelle tournent avions allemands et alliés[1]. De temps à autre retentissent des coups de feu, ou l'explosion d'un shrapnel qui, de loin, ressemble à l'éclatement de balles de coton. Une nuit, toutes les infirmières l'ont rejointe pour assister au spectacle d'un Taube[2] en flammes tournoyant dans le ciel. Et une autre fois, plusieurs Taube ont rôdé au-dessus de l'hôpital pendant au moins une demi-heure. Irène a cru qu'ils allaient lâcher des obus et que sa vie allait se terminer ici, en Belgique... ; puis les Allemands se sont éloignés, renonçant sans doute à gaspiller leurs munitions pour ce qui semblait n'être qu'une vieille ferme. Les semaines ont ainsi passé, et Irène a fêté ses dix-huit ans.

Elle a eu une belle journée d'anniversaire, qui aurait été parfaite si sa mère avait été là. Le matin, elle a radiographié une main, y a repéré sans peine quatre gros éclats d'obus, et l'opération qui a eu lieu le jour suivant selon ses indications a été couronnée de succès. Elle a assisté l'après-midi à un match de football, et le soir à un petit concert.

---

1. Les principaux alliés contre l'Allemagne étaient la France, l'Empire russe, l'Empire britannique, et les États-Unis à partir de 1917.
2. Avion militaire allemand, baptisé Taube en raison de sa forme (*Taube* signifie « pigeon, colombe »).

Dès le lendemain, elle a écrit pour tout raconter à Mé, qui se trouvait à l'Arcouest avec Ève. Elle lui a également dit qu'il lui arrivait de monter un des chevaux convalescents, et qu'elle était même allée jusqu'en France un jour de sortie.

Quand elle relit ses lettres avant de les envoyer, elle se demande si Mé ne va pas s'imaginer que Hoogstade s'est transformé en camp de vacances ! Car elle se garde bien d'y évoquer l'horreur quotidienne. Les visages grisâtres, les regards hallucinés, les membres déchiquetés, les ventres béants d'où s'échappent les viscères. Les infirmières courant de tous côtés, faisant bouillir des dizaines d'instruments, piquant, pansant, réconfortant, fournissant des respirateurs aux hommes qui suffoquent. Les cris de souffrances et les appels des soignants : « Des brancards, vite !... », « J'ai besoin de chloroforme, est-ce qu'il en reste ?... », « Encore cinq morts, on les met où ? » L'odeur fétide des membres infectés par la gangrène. Et les processions d'ambulances recouvertes d'un drapeau, qui gravissent la route jusqu'au champ de blé où fleurissent les petites croix... Tout cela, Mé le sait, il n'est pas nécessaire de lui rappeler dans quel enfer elle a laissé sa fille aînée.

Irène ne lui a pas non plus raconté ce qui s'est

passé après son anniversaire, une nuit où est arrivé un important contingent de blessés.

Ils arrivent souvent la nuit, car les chauffeurs qui vont les récupérer aux postes de secours préfèrent profiter de l'obscurité pour éviter que les voitures de la Croix-Rouge ne soient repérées par les Allemands.

Cette fois-ci, deux rangées de brancards sont alignées de chaque côté du couloir. On commence par faire le tri, pour renvoyer les cas les moins graves en France, puis le service radio entre en scène. On transporte les blessés un à un dans la salle des rayons X, et les infirmières découpent rapidement les vêtements souillés et déchiquetés.

Irène jette un coup d'œil vers la jeune femme qui s'apprête à disposer l'écran radiographique près d'un torse ensanglanté.

– Vos gants et vos lunettes ! la gronde-t-elle à voix basse.

– Je ne sais pas où ils sont, bafouille l'opératrice.

– Je prends votre place, vous reviendrez quand vous les aurez trouvés.

Les rayons X sont extrêmement nocifs pour la peau. Lors des séances de formation, Irène ne cesse de répéter qu'il est indispensable de porter des gants, un tablier, des lunettes de protection, et que l'exposition aux rayons doit être la plus brève possible. Dans le feu de l'action, elle néglige souvent ces précautions pour elle-même, mais elle ne veut pas faire prendre le moindre risque aux personnes qui travaillent sous ses ordres.

Le blessé a les yeux mi-clos, il respire avec peine. Il a de multiples plaies à la poitrine, certainement provoquées par des éclats d'obus ou de grenades. Le genre de blessures qui s'infectent comme un rien, les éclats entraînant avec eux toutes sortes de saletés.

Elle se penche vers lui et murmure :

– Ce ne sera pas long et vous ne sentirez rien. Surtout, restez bien immobile pendant que nous prenons les clichés.

L'homme lève brusquement les paupières.

– Ne perdez pas votre temps avec moi, c'est inutile, je vais mourir. Je ne verrai pas grandir mes petites filles.

– Mais non, vous n'allez pas mourir. Vous dites tous cela, et vous n'imaginez pas le nombre de blessés qui repartent de cet hôpital sur leurs deux jambes !

– Les autres peut-être, pas moi, je sais ce que je dis, répond-il d'une voix plus forte, presque autoritaire.

– Ne vous fâchez pas, essayez de vous détendre…

L'homme esquisse alors un sourire très doux, presque enfantin.

– Je ne me fâche pas. Je n'ai jamais été très fort pour me mettre en colère.

Irène est prise de vertige. *Je n'ai jamais été très fort pour me mettre en colère.* Elle a souvent entendu Pé prononcer cette phrase. Et c'était vrai, il n'y avait pas d'homme plus pacifique que lui. Soudain, ce malheureux blessé qui n'est que le premier d'une longue cohorte prend à ses yeux une importance extraordinaire, comme s'il lui était envoyé par son père. Elle le regarde avec attention, et remarque tout à coup à quel point il ressemble à Pé. En clignant des yeux, elle revoit le regard brun plein de bonté, le long visage pâle surmonté d'un front très haut, les cheveux coupés en brosse, la petite barbe un peu désordonnée… Elle se redresse, ferme les yeux un instant, respire lentement. L'épuisement doit lui jouer des tours, il ne faut pas qu'elle se laisse aller à une émotion qui pourrait relâcher son attention.

– Ne vous tracassez pas, tout va bien, dit-elle en osant à peine regarder le blessé.

Les yeux de nouveau clos, celui-ci reste sans réaction. Irène s'empare de l'écran radiographique, le place à la bonne distance du thorax, le positionne le mieux possible. Tous ces gestes, heureusement, lui sont devenus si familiers qu'elle peut les répéter presque mécaniquement quelle que soit sa fatigue. Tout va très vite, il ne reste plus qu'à tirer un calque de l'image pour le chirurgien.

– Le suivant ! ordonne-t-elle.

Au moment où les infirmières s'emparent du brancard pour emmener le blessé, il ouvre grand les yeux, regarde Irène et dit d'une voix vibrante :

– Vous êtes jeune. J'espère que vous aurez une belle vie. Pour moi, tout est fini.

Irène voudrait protester, mais déjà les infirmières s'éloignent. Elle a la tête qui tourne, elle s'appuie un instant contre le mur. Quel âge a cet homme ? Trente, trente-cinq ans ? Il est sûrement parti avec ses camarades en chantant, sûr de la victoire, et aujourd'hui… Non, il ne mourra pas, pas lui ! Irène refuse de se résigner. Le chirurgien va l'opérer. Grâce à la radio, pas un éclat ne restera fiché dans sa chair. Il va se rétablir, retrouver les siens, voir grandir ses enfants.

Au matin, une fois la tâche accomplie, alors que ses collègues vont prendre quelques heures de repos, elle traverse les salles à la recherche de son blessé. Elle veut guetter son réveil, demander qu'on prenne particulièrement soin de lui, le réconforter, lui promettre de veiller sur lui jusqu'à ce qu'il soit rétabli. Elle circule entre les lits dans une odeur écœurante qu'elle ne remarque même plus. Elle observe chaque malade, en quête de celui qui est pour elle comme un fantôme. Elle soulève un coin de drap pour dégager un visage, aide au passage une infirmière qui installe des coussins autour d'un blessé, une autre à maintenir un homme qui délire. Elle parcourt ainsi salle après salle, la tête vide, suppliant Pé de lui venir en aide. En vain.

À bout de ressources, elle part à la recherche du directeur de l'hôpital. Mais lui aussi reste introuvable. C'est finalement par le fameux Van Meeven, ce médecin qui la méprise tant, qu'elle apprend la nouvelle sous une forme télégraphique, comme s'il dictait un rapport officiel.

– Perdu trop de sang, mort pendant l'opération. Comme quoi, vos radios…

Irène le regarde avec horreur. Elle aimerait pouvoir le gifler.

Non, cela, elle ne l'a pas raconté à Mé.

CHAPITRE 11

Projets et souvenirs

Pour Ève, les vacances de 1915 ont été très bizarres. Très solitaires, surtout.

Mé et Irène ont passé une partie de l'été en Belgique, puis Mé est rentrée à Paris en laissant Irène là-bas. Et les amis de Mé sont tous plus ou moins retenus par leur travaux. Jean Perrin, le physicien aux cheveux d'ange, a été chargé par le ministère des Inventions d'imaginer un système pour localiser les avions la nuit, grâce à l'écho. Paul Langevin[1] se consacre à la détection des sous-marins par les ultrasons. Une autre amie, anglaise, a créé une sorte d'éventail qui permet aux soldats de chasser les gaz toxiques des tranchées, car depuis le printemps l'ennemi s'est mis en tête d'asphyxier les poilus avec des gaz. Quant aux jeunes… Adieu, les sorties sur l'*Églantine*, bonjour, les travaux dans

1. Grand physicien français (1872-1946).

les champs pour remplacer les paysans envoyés au front !

Lorsque Ève regagnait la maison le soir, un coup de soleil sur le nez et des courbatures partout, il n'était pas question de se reposer. Elle tricotait avec frénésie en prévision de l'hiver. La lecture favorite de ses vacances ? « Le tricot du combattant », une rubrique quotidienne de *L'Écho de Paris*. Elle y a déniché un modèle de chaussettes russes qui s'enroulent autour des jambes et tiennent beaucoup plus chaud que les chaussettes classiques. Elle a testé quatre modèles de genouillères, à l'aiguille et au crochet. Elle a même écrit à Mé pour lui demander si elle connaissait un produit chimique qui permettrait d'imperméabiliser les chaussettes. Sans succès, malheureusement.

C'est pour Albert qu'elle tricotait, bien sûr. Car Albert était revenu vivant de son expédition contre les Allemands ! Ève a reçu sept lettres pendant l'été. Sept lettres et sept poèmes. De son côté, elle lui a écrit avec une régularité d'horloge. Une douzaine de lettres en deux mois, ce qui fait une moyenne d'une lettre et demie par semaine. C'est du moins ce qu'elle a réussi à calculer, en s'y reprenant à plusieurs fois.

Elle a donc eu une première partie de vacances

très active, même si elle n'a pas souvent ouvert le livre de mathématiques que Mé avait glissé dans sa valise. Si celle-ci le lui reproche, elle lui répondra : « C'est la guerre, je n'ai pas eu le temps ! »

Finalement, quand Mé arrive enfin à l'Arcouest, au début du mois de septembre, elle ne pense pas à parler à Ève de cet horrible livre. Toutes les deux ont mille choses à se raconter, et Mé est si heureuse de retrouver la Bretagne, d'enfiler sa vieille vareuse noire de marin, d'aller nager dans la petite crique de Roch Vras, de couper des fleurs d'hortensia pour les faire sécher… Le soir, elle s'enveloppe dans sa chaude pèlerine et, bras dessus bras dessous, mère et fille vont admirer le coucher du soleil.

– Tu vois, Évette, je t'avais dit qu'il n'arriverait rien à ton poilu !

– Tu ne pouvais pas en être certaine.

Le visage de Mé s'assombrit.

– Non, hélas, on n'est plus certain de rien. Combien de temps va durer cette horrible guerre ?

– Elle va bien se terminer un jour. Forcément !

– Tu as raison, il faut y croire de tout son cœur. Mais quand ? À quoi ressemblera l'avenir d'une France amputée de milliers d'hommes ? Et celui de la Pologne ? Quand je pense que les Allemands occupent mon pays natal… Je n'ai pour ainsi dire pas de nouvelles de ma famille, c'est tellement dur… Mais il ne faut pas se décourager, Évette. Regarde ce ciel magnifique. Quelque folie qu'entreprenne l'homme, il restera toujours la nature et la science.

– Et l'Arcouest !

– C'est d'une telle beauté ! Quand la guerre sera finie, j'aimerais faire construire une maison ici. À moins que je ne puisse tout simplement acheter celle que nous louons chaque année ?

– Oh oui, Mé, ce serait tellement bien !

– Avoir des projets est très important, cela aide à surmonter les difficultés du présent. Et toi, mon Évette, tu en as, des projets ?

– J'en ai des milliers ! Voir revenir Albert sain et sauf… Lire tous les grands romans de la littérature… Nager comme une déesse… Être la femme la plus élégante de Paris… Rencontrer une foule de gens intéressants… Devenir une pianiste célèbre… Ou écrire des pièces de théâtre… Ou alors être journaliste… Et surtout rester pour toujours auprès de toi. Je t'aime si fort !

Mé rit.

– Tu changeras vite d'avis. Comment veux-tu faire tout cela en restant auprès de ta vieille Mé ?

– Tu n'es pas vieille et tu ne le seras jamais.

– On en reparlera dans quelques années... Au fait, c'est nouveau, cette idée de devenir journaliste !

– Oui, je trouve que c'est un beau métier de dire aux gens ce qui se passe dans le monde, de raconter comment on vit dans les autres pays... Qu'est-ce qu'il y a ? Pourquoi tu fronces les sourcils ? Tu es fâchée ?

– Mais non, pas du tout. Je crois juste que tu te fais des illusions sur les journalistes. Personnellement, je ne les aime guère. Quand le monde scientifique a commencé à s'intéresser aux recherches sur le radium que nous menions, ton père et moi, ils venaient sans cesse frapper à la porte du laboratoire pour nous poser mille questions. Comme si nous avions du temps à perdre à bavarder ! Cela exaspérait ton père.

Ève boit chacune des paroles de Mé. C'est si rare qu'elle parle du temps de Pé !

– Et plus tard, quand nous avons eu le prix Nobel, avec Henri Becquerel, c'est devenu un vrai cauchemar. Nous étions inondés de lettres et de visites, les journalistes venaient nous épier à toute heure du jour, flanqués de photographes. Tu te rends compte qu'on est tombés un jour sur un article qui parlait du petit chat noir et blanc que nous avions alors, et qui rapportait mot pour mot une conversation d'Irène avec la bonne? Quand j'y pense… C'était l'époque où nous habitions boulevard Kellermann[1], à côté de chez les Perrin. Il m'arrivait de me réfugier chez eux pour échapper aux journalistes, mais comme ils savaient que nous étions très amis, ils avaient le culot de venir sonner à leur porte! C'était insupportable. Si nous avions pu, ton père et moi, nous nous serions cachés sous terre. Voilà pourquoi l'idée que tu puisses devenir journaliste ne m'enthousiasme pas particulièrement. Mais je suppose que certains sont corrects… De toute façon, tu as le temps de réfléchir.

– Raconte encore, Mé, j'adore quand tu me parles d'autrefois. Raconte le prix Nobel!

Mé jette un regard à Ève, hésite un instant, puis se décide enfin.

– Ce voyage en Suède a été comme un conte de fées. Le château où avait lieu la remise du prix est extraordinaire, il m'a paru immense et d'une richesse incroyable. Il y a même une grande salle

1. À Paris. Pierre et Marie Curie ont habité au 108, boulevard Kellermann jusqu'à la mort de Pierre, en avril 1906. Marie et ses filles sont ensuite allées vivre chez Grand-Pé, (Eugène Curie, le père de Pierre), à Sceaux. Après sa mort, elles sont revenues à Paris et se sont installées au 36, quai de Béthune.

des Miroirs, qui ressemble à la galerie des Glaces de Versailles. C'est là que s'est tenu le banquet avec le roi. Quant à la chambre où nous logions… En fait, ce n'était pas une chambre, mais une suite, avec des angelots peints aux plafonds, des lustres en cristal, des colonnades dorées… Le personnel avait rempli les pièces de fleurs et de plantes vertes, et depuis les fenêtres nous avions une vue magnifique sur le lac et le palais royal. La salle de la remise des prix était très imposante, avec des drapeaux de tous les pays du monde. La famille royale a fait son entrée au son des trompettes, puis l'assistance a entonné l'hymne au roi. Quand tout a été terminé, Irène m'a dit que…

– Irène ? demande Ève, interloquée. Ce n'est pas de ce prix-là que je te parle, mais de celui d'avant ! Irène n'y était pas la première fois, elle n'avait que six ans !

– Il n'y a rien à dire sur celui d'avant, répond Mé d'une voix blanche.

Le prix d'avant, c'est le prix de Physique de 1903, décerné à Pierre et à Marie Curie, ainsi qu'à Henri Becquerel, pour leurs travaux sur la radioactivité. C'est celui-là qu'Ève voulait entendre évoquer par sa mère, et non celui de Chimie qu'elle a eu seule, en 1911. Ève soupçonne Mé d'avoir fort bien compris.

Mais aujourd'hui encore, neuf ans après la mort de Pé, il y a des souvenirs qu'elle n'ose pas évoquer, par peur de s'effondrer.

– Pourquoi il n'y a rien à dire ? insiste Ève.

– J'avais été malade et j'étais trop fatiguée pour aller à Stockholm. Nous nous sommes fait représenter par l'ambassadeur de France en Suède.

Après un long silence, elle se résigne tout de même à en dire un peu plus :

– Finalement, ton père et moi sommes tout de même allés en Suède deux ans plus tard, en juin 1905, et c'est ton père qui a prononcé la conférence. Mais cela a été une cérémonie toute simple, je t'assure qu'il n'y a rien du tout à raconter. Si nous rentrions, maintenant ? On voit que le mois d'août est passé, les soirées sont de plus en plus fraîches… Au fait, où est ton poilu en ce moment ?

Inutile d'insister, Mé n'en dira pas davantage ce soir.

– Il ne donne jamais beaucoup de détails sur les manœuvres de son régiment, répond Ève. J'ai cru comprendre qu'il allait quitter son cantonnement pour un autre mais, comme il dit, qu'est-ce que ça change ? Quand on a faim, froid et peur de mourir, le paysage n'a pas vraiment d'importance.

Heureusement, Albert est plein de ressources. Quand il a du temps libre, en dehors des lettres qu'il m'écrit, bien sûr, il fabrique des objets avec des douilles d'obus. Il a déjà réalisé une boîte d'allumettes, et il est en train de sculpter un chandelier. Il a promis de faire un objet pour moi et de me l'offrir à la fin de la guerre.

Mé semble de nouveau presque sereine. Elle doit être soulagée d'avoir réussi à détourner la conversation. Elle rit.

– Je parie que tu es la seule de ta classe à avoir déniché un poilu artiste !

CHAPITRE 12
C'est vous qui aviez raison

– Le blessé suivant ! Qu'est-ce que vous attendez ?

Irène regrette aussitôt son mouvement d'impatience. Bousculer le personnel n'est pas son style, mais aujourd'hui elle est à bout de nerfs. Elle ne peut supporter qu'on perde la moindre seconde alors que des dizaines d'hommes sont entre la vie et la mort.

– Excusez-moi, mademoiselle Curie, se justifie l'infirmière. Le docteur Van Meeven est là et cela nous désorganise un peu.

– Le docteur Van Meeven ? s'exclame Irène. Qu'est-ce qu'il vient faire ici ? Il n'a absolument pas à intervenir à ce stade !

La moutarde lui monte au nez. Elle sort de la salle de radio, parcourt le couloir des yeux. Van Meeven est bien là, penché sur un brancard. Elle s'approche, toutes griffes dehors.

– Celui-là doit être opéré immédiatement, décrète

le médecin sans même lever les yeux vers elle. Comme vous le voyez, il présente tous les signes de l'état de choc. Pouls à 100, narines pincées, pupilles dilatées, abdomen contracté, ventre dur… Les intestins sont touchés, il n'y a pas une minute à perdre si on veut éviter une infection généralisée.

Le visage du malheureux est aussi blanc que de la cire, sa respiration est hésitante, il a les yeux fermés et ses traits tirés lui donnent une expression épouvantée.

– Je vais le faire passer en priorité, décide Irène. Vous avez raison, il ne faut pas perdre une minute.

– Il n'y aura pas de radio, réplique presque méchamment le docteur. J'ai repéré les orifices d'entrée des éclats d'obus, je n'ai pas besoin de vous pour savoir comment les lui retirer.

– C'est de la folie ! La radio ne prendra que quelques minutes et permettra d'écourter considérablement votre intervention. Dans l'état où il est, la moindre erreur serait fatale.

Mais le médecin repousse la jeune fille et appelle des brancardiers.

– Emmenez-le tout de suite en salle d'opération !

Stupéfaite, Irène reste sans voix. Il y a une semaine, elle aurait sûrement bataillé. Depuis qu'elle a appris la mort du soldat qui ressemblait tant à Pé, elle a toutes les peines du monde à effectuer sa tâche sans faiblir. Pour un peu, elle fondrait en larmes. Blême, les lèvres tremblantes, elle regagne la salle de radio.

Moins d'une demi-heure plus tard, une infirmière se glisse près d'elle, affolée.

– Le blessé de tout à l'heure, celui du docteur Van Meeven… Vous savez, les intestins !

– Oui, eh bien ?

– Le docteur se rend compte… enfin… il dit qu'une radio pourrait finalement l'aider. Mais c'est très urgent et…

– Évidemment que c'est urgent ! Je le lui ai dit, mais il n'a rien voulu entendre.

– Tout compte fait… continue l'infirmière. Euh… Il pense que le mieux serait de l'opérer ici, aussitôt la radio faite. Si vous l'y autorisez, bien sûr.

Irène a un petit rire sans joie.

– Si je l'y autorise ? On aura tout entendu ! Bien sûr que je l'y autorise !

– Merci, mademoiselle Curie, oh, merci !

Lorsqu'il apparaît à la porte derrière le brancard, le médecin n'a pas un regard pour Irène. Elle s'en fiche complètement ; tout ce qui compte, c'est que le blessé ne perde pas la vie à cause de l'amour-propre de cet orgueilleux. Elle guide le brancard, donne des ordres, enfile ses gants de protection, dispose les écrans... Tout va très vite.

– Ici... et là... et là...

Elle pointe du doigt les taches sombres sur le cliché. Quelques instants plus tard, Van Meeven, à son tour, donne des ordres d'un ton bref. Les instruments cliquettent, de temps à autre un mot ou un soupir échappe au médecin. Ses gestes sont précis, rapides, Irène ne peut s'empêcher d'admirer son savoir-faire.

– On referme, ordonne-t-il enfin.

Puis il repart derrière le brancard, les épaules crispées et les oreilles écarlates.

– Le suivant ! dit simplement Irène.

Comme tant d'autres, cette longue journée ne s'achève pas avant le coucher du soleil. Irène a le dos raide, elle a l'impression d'avoir de la poussière plein les yeux, elle aurait besoin d'un bain chaud et d'une longue nuit dans un lit confortable. Mais pour l'instant elle n'a qu'un souci en tête : le blessé de ce matin a-t-il survécu à l'opération ?

Une fois encore, elle parcourt les dortoirs de l'hôpital en interrogeant les infirmières.

– Celui des intestins ? lui répond enfin l'une d'elles. Là-bas, dans le coin près de la fenêtre. Il est encore très faible, mais je le trouve plutôt bien. Il s'est réveillé en milieu d'après-midi, et tout à l'heure il a réclamé à manger ! Ce serait de la folie, si peu de temps après une anesthésie. Je lui ai seulement donné trois gorgées de bouillon. Allez le voir, cela lui fera plaisir. Il sait que c'est vous qui l'avez sauvé.

– Tout de même pas, j'ai juste un peu aidé.

Irène traverse rapidement le dortoir et s'approche du lit de son blessé. Il est encore très pâle, mais d'une pâleur moins maladive, et ses traits sont moins crispés.

– Ah, mademoiselle, je sais ce que je vous dois, dit-il dès qu'elle lui rappelle son passage en salle de radio. Sans vous, je serais mort.

Elle lui sourit.

– N'exagérons rien ! En tout cas, je suis heureuse de constater que vous remontez si vite la pente. Vous serez bien soigné ici.

– Sûrement, répond-il.

Cette idée ne semble pas le réjouir le moins du monde. Irène est soudain frappée par la tristesse qui émane de lui.

– Ne vous tracassez pas, dit-elle. Ne pensez pas à l'avenir, mais au présent, c'est le seul moyen de vous remettre rapidement.

Et, repensant aux paroles de l'homme qui ressemblait tant à Pé, elle conclut :

– Vous êtes jeune, vous aurez une belle vie.

Mais il agite la tête en fermant les yeux.

– À quoi bon vivre ?

– Comment pouvez-vous dire cela ? Je comprends que vous soyez découragé par ce que vous avez vécu ces mois derniers. Mais pensez à tous les bonheurs qui vous attendent, pensez à ceux que vous aimez et que vous allez retrouver, pensez…

– Justement, la coupe-t-il d'une voix basse. Comment pourrais-je y penser ? Je ne sais pas qui je suis, je ne sais pas d'où je viens, j'ignore où se trouvent ceux que j'aime, et même si j'aime quelqu'un…

Il regarde fixement Irène. Ses yeux sont comme deux grands lacs noirs.

– J'ai tout oublié, hormis l'horreur de la guerre. Ma mémoire est vide, aussi vierge que si je venais de naître.

– C'est le choc, réplique-t-elle avec énergie. Vous n'êtes pas le premier à qui cela arrive, vous verrez que cela ne durera pas. Un souvenir en entraînera un autre, et petit à petit vous reconstituerez tout le puzzle. Voyons, vous rappelez-vous votre nom ?

Il agite la tête.

– Inutile d'insister, c'est comme si j'avais un énorme nuage noir dans la tête.

Irène se penche vers lui, regarde ses poignets : ils sont couverts de croûtes.

– Ma plaque d'identité a dû sauter quand j'ai été blessé, explique l'homme. Je ne sais même pas comment je m'appelle, et sans ma plaque personne ne pourra m'aider à retrouver mon nom. Un homme sans nom ne vaut guère mieux qu'un mort…

– Ne vous tracassez pas, répète encore Irène. Vous avez juste besoin d'un peu de temps. Maintenant, je vais vous laisser, il faut absolument vous reposer. Je reviendrai vous voir !

– Merci, merci ! Dieu vous bénisse !

Lorsque Irène quitte le dortoir, le docteur Van Meeven apparaît à l'extrémité du couloir. Elle continue à marcher comme si de rien n'était, bien décidée à l'ignorer, mais au moment où ils se croisent, il lui prend la main et la serre vigoureusement en lui disant simplement :

– C'est vous qui aviez raison, mademoiselle Curie.

Irène sait qu'elle vient de remporter une victoire,

que plus jamais désormais ce médecin ne s'opposera à ses décisions, qu'elle a même probablement trouvé un allié. Sa plus grande victoire de la journée, cependant, c'est d'avoir sauvé une vie.

Mais est-ce réellement une victoire ? Quel sera l'avenir d'un homme dont le passé est peut-être resté sur le champ de bataille ? Quel sera l'avenir de ceux qui sortiront de la guerre amputés, défigurés, anéantis, le corps en miettes et le cœur en désordre ? Ce soir, elle doute de tout.

CHAPITRE 13
Toujours repartir

– Quand je pense que j'avais parié avec ma copine Louise que la guerre se terminerait avant la fin de l'hiver, soupire Ève en rejoignant sa mère et Irène à la table du dîner. Louise gagne toujours ses paris, c'est agaçant!

– *Agaçant* n'est peut-être pas le mot approprié, lui fait remarquer sa sœur aînée. Gagner ou perdre un pari n'est pas très important, comparé à la guerre.

– Évidemment, ce n'est pas ce que je voulais dire!

– Alors il ne fallait pas le dire.

– Vous disputer ne rendra pas les choses plus faciles, intervient Mé. Comment s'est passée ta journée, Ève?

– Les journées sans cours de maths se passent toujours très bien. J'ai eu la deuxième meilleure note à la composition d'anglais et j'ai dépassé un mètre vingt au saut en hauteur. Et toi, Mé? Tu étais à l'Institut du radium?

– Oui. Et je peux te dire que si aller au collège n'est pas toujours un plaisir, donner des cours n'est pas non plus de tout repos. Entre les élèves qui ne comprennent rien à l'anatomie et celles qui feraient mieux de rester chez elles à broder des mouchoirs…

– Pourtant, celles qui s'inscrivent ont vraiment envie d'apprendre, non ? Moi, par exemple, je n'essaierais même pas de toucher à un appareil radio, je serais trop nulle !

– Elles en ont envie… en principe. Mais aujourd'hui une pimbêche à col de dentelle est repartie chez elle en décrétant qu'il ne fallait plus compter sur elle, sous prétexte que les rayons étaient dangereux.

– Mais c'est vrai, non ? risque Ève. Regarde tes mains, Mé… Elles sont tout abîmées.

– Elles sont belles, rectifie Irène. Elles portent la marque du travail et des recherches !

– N'empêche…

– C'est le revers de la médaille, explique Mé.

– Le revers de la médaille ? répète Ève. De quelle médaille tu parles ?

Sa mère sourit.

– C'est une expression qui signifie que chaque phénomène ou chaque événement a un côté positif et un côté négatif. C'est vrai, manipuler souvent du radium abîme la peau et peut même avoir des conséquences néfastes sur la santé. C'est sûrement à cause de cela que je suis par moments si fatiguée. Mais il suffit de se reposer et d'aller au grand air, et cela passe !

– Et c'est quoi, le contraire du revers ? demande Ève. Pour le radium, je veux dire.

– Eh bien, les radiations sont capables aussi de détruire des cellules malades. On a déjà obtenu des résultats formidables dans le traitement du cancer, et aussi de certaines maladies des articulations ou des nerfs. D'ailleurs, il ne faut pas t'inquiéter, Évette, je ne m'intéresse qu'à la physique et à la chimie, je ne m'occupe pas des recherches sur les effets de la radioactivité en médecine. Cela, c'est le travail…

– Oui, tu me l'as déjà dit ! l'interrompt Ève. C'est le travail du laboratoire Pasteur[1]. Mais qu'est-ce que ça change, puisque tu passes ton temps à toucher du radium ? Et toi aussi, Irène ! Qu'est-ce que je deviendrai si vous tombez toutes les deux très malades ? Vous y avez pensé, à ça ?

---

1. L'Institut du radium comprend deux laboratoires : le laboratoire Curie (recherches en physique et en chimie), alors dirigé par Marie Curie, et le laboratoire Pasteur (recherches biologiques et médicales), dirigé à l'époque par le docteur Claudius Regaud.

– Est-ce qu'on a l'air malades? plaisante sa sœur.

– Pas pour l'instant, répond Ève avec tristesse. En tout cas, je ne veux pas qu'il vous arrive quelque chose! Je ne veux plus que vous partiez soigner les blessés là où les Allemands lancent des obus! J'en ai assez que tout le monde meure! Pé, Grand-Pé, Albert…

En la voyant fondre en larmes, Mé reste muette, comme toujours quand elle entend mentionner son Pierre chéri. Et, comme chaque fois qu'elle sent sa mère faiblir, Irène reprend le flambeau :

– Ne pleure pas, Évette, je t'en supplie! Je te promets qu'on ne va pas mourir. Pour Pé, c'était un accident, Grand-Pé était très âgé, quant à Albert… Il était au front, lui, ce qui n'est pas notre cas en ce moment. D'ailleurs, tu vois bien que j'y vais beaucoup moins depuis quelques mois.

– Et rien ne prouve qu'Albert soit mort, ajoute Mé. Après tout, tu en aurais sûrement été avertie, en tant que marraine.

– Bien sûr que si qu'il est mort! s'écrie Ève. Il ne répond plus à mes lettres! Il était tellement gentil! Et il m'avait promis un cadeau à la fin de la guerre… Quand je pense qu'il y a des gens méchants à qui il n'arrive jamais rien, et que des hommes comme lui partent comme ça, c'est tellement injuste!

Mé et son aînée échangent un regard désolé. Comment consoler une fillette qui a été si souvent confrontée à la mort ?

– Tu pourrais prendre un autre filleul, suggère Irène.

– Remplacer Albert ? Impossible !

– Irène a raison, insiste Mé. Je suis convaincue que c'est ce que te conseillerait Albert s'il était là. Il y a des dizaines, des centaines de poilus qui rêvent d'avoir une marraine comme toi. Tu n'as pas le droit de continuer à te lamenter dans ton coin alors que tu pourrais les aider.

– Tu sais, dit gentiment Irène, moi aussi, j'ai pleuré en apprenant la mort d'hommes dont je m'étais occupée et que j'aurais voulu voir guérir. Chaque fois, j'étais complètement démoralisée et à deux doigts de tout abandonner. Et chaque fois je pensais aux autres, à tous ceux qui espéraient qu'on les sauverait, et je repartais. Et la fois suivante, je gagnais contre la mort, et je me félicitais de ne pas avoir renoncé.

– Irène parle d'or, renchérit Mé. Crois-tu que mes recherches auraient abouti si je m'étais découragée au premier obstacle ? Crois-tu que cela a été facile, pour une petite Polonaise timide, de venir faire des études en France ? De travailler nuit et jour dans un hangar humide et glacial ? Et de continuer coûte que coûte, après que Pé… Hein, qu'en penses-tu, Évette ? Est-ce que tu n'es pas convaincue qu'il y a quelque part un poilu qui a besoin de toi ? Allez, mouche-toi, ma chérie, je ne veux plus te voir pleurer, cela me rend beaucoup plus malade que tripoter le radium !

Ève sourit à travers ses larmes, sort un mouchoir de sa poche, s'essuie les yeux en reniflant, puis dit d'une toute petite voix :

– Ça m'étonnerait que je puisse remplacer Albert, mais je peux toujours essayer.

CHAPITRE 14

Deux si beaux prénoms

Louise, la copine d'Ève, a hélas largement gagné son pari. Non seulement l'été 1916 est arrivé sans qu'on voie poindre la moindre lueur de paix, mais le 1er juillet a commencé la terrible bataille de la Somme, qui devait faire plus de quatre cent mille morts ou disparus dans les deux camps en quatre mois et demi.

Ève a tout de même passé les vacances à l'Arcouest, le seul endroit où la guerre lui semblait moins réelle. Elle a appris à godiller[1] et – beaucoup moins facilement – à résoudre les équations du premier degré, et elle a pu annoncer dans une lettre à Mé qu'elle n'avait plus peur de nager sans avoir pied.

À l'automne et durant l'hiver, Irène a effectué plusieurs missions, notamment à l'hôpital d'Amiens, où elle a été plutôt bien reçue par le médecin-chef. Le 16 avril 1917, le général Nivelle a lancé une attaque

1. Diriger un bateau avec une seule rame située à l'arrière.

surprise massive au Chemin des Dames, entre Soissons et Reims, avec la conviction de remporter une victoire décisive. Cela a été un échec, ce qui a désespéré beaucoup de combattants. Des militaires français ont alors décrété qu'ils refusaient de continuer à se battre dans ces conditions effroyables et sans espoir de victoire. Ils ont été jugés et une cinquantaine d'entre eux ont été exécutés.

Puis l'été 1917 est arrivé et on était toujours en guerre.

Le mois d'août à l'Arcouest ressemble tout de même un peu à ceux des temps de paix, sauf que Mé est restée à Paris. Lorsque les deux sœurs ne sont pas en train de nager, de pédaler dans les petits chemins, de naviguer sur l'*Églantine* ou d'aider au travail dans les champs, Irène potasse ses chères mathématiques et Ève joue du violon pour se consoler de l'absence de piano. Elle passe aussi beaucoup de temps à écrire à Victor, son nouveau poilu. Elle l'a en partie choisi à cause de son prénom. Elle s'est dit qu'avec un prénom aussi glorieux il ne subirait sans doute pas le même sort qu'Albert. Il n'a pas tout à fait réussi à remplacer ce dernier, car il n'ouvre jamais un livre et n'a rien d'un poète. Mais ses lettres apprennent beaucoup de choses à Ève sur la vie au front, et elle sent bien que celles qu'elle lui envoie l'aident à ne pas désespérer. Peut-être que si elle ne lui avait pas écrit il se serait mutiné et aurait été fusillé ?

Mais cet après-midi, pas de correspondance. Ève est partie nager avec Aline et Francis Perrin, tandis qu'Irène tente de résoudre un problème compliqué que Mé lui a envoyé. Waleczia prépare une pâte à tarte et Jozzia transpire devant sa planche à repasser, quand des coups légers résonnent à la porte.

Jozzia pose son fer en soupirant et s'avance dans le couloir en criant :

– Entrez !

Le visiteur ou la visiteuse n'est certainement pas un familier de la maison, car il n'ose pas tourner la poignée. Jozzia s'approche de la porte pour l'ouvrir. Oui, l'homme qui se tient sur le seuil est bien un inconnu. Et pas des plus reluisants ! Il flotte dans son pantalon, les manches de sa veste sont élimées, et ses chaussures doivent dater de sa première communion. Mais ses cheveux sont peignés avec soin, sa moustache est impeccable, et il s'incline très poliment.

– Bonjour, madame, dit-il d'une voix agréable. J'aimerais voir mademoiselle Curie, si cela ne doit pas la déranger bien sûr.

– Je vais lui demander, répond Jozzia, qui, depuis trois ans, a fait des progrès considérables en français.

Elle hésite un instant à le faire entrer, mais préfère le laisser à la porte. En passant devant la cuisine, elle fait signe à Waleczia de veiller au grain. On ne sait jamais, l'homme pourrait profiter de ce qu'elle est en haut pour se glisser dans la maison en quête d'un mauvais coup…

– Tu es sûre de ne pas le connaître ? demande Irène lorsque Jozzia lui explique la situation. Tu lui donnes quel âge ?

– Je ne sais pas. Vingt-cinq ?

Irène, aux prises avec un exercice particulièrement difficile, est tentée de décréter qu'elle est occupée. Mais sans doute ce visiteur mystérieux est-il le fils d'amis de Mé… Il vient d'arriver à l'Arcouest et il a besoin de son aide… Elle quitte donc, à regret, son problème de maths, pour suivre Jozzia au rez-de-chaussée et s'avancer vers l'inconnu.

– Bonjour, monsieur, dit-elle d'un ton interrogateur.

Qu'a-t-il donc à la regarder ainsi ? On dirait qu'il a vu un fantôme ! Pourtant, elle ne se souvient pas de l'avoir jamais rencontré…

Mais si, elle le reconnaît soudain ! C'est « son » blessé, celui qu'elle a sauvé en insistant pour le radiographier, puis en acceptant que Van Meeven l'opère dans la salle de radiographie ! Celui qui avait perdu la mémoire aussi… Mais alors…

– Je sais qui vous êtes ! Je suis si heureuse ! Si vous m'avez retrouvée, cela signifie…

Elle s'interrompt, se rendant compte aussitôt de son erreur. Il n'avait oublié que le passé, tout ce qui avait précédé le choc. Ce qui s'est produit ensuite, en revanche, s'est imprimé normalement dans sa mémoire. Il n'a pas dû lui être très difficile, une fois rentré chez lui en convalescence, d'écrire à l'hôpital de Hoogstade pour obtenir le nom de la jeune fille qui dirigeait le service de radiologie… Mais c'est tout de même étrange qu'il ait pris le temps de venir jusqu'ici, il fallait qu'il ait terriblement envie de la revoir !

Toutes ces pensées ont afflué en même temps à l'esprit d'Irène, et la voilà rouge comme une pivoine. Quelles sont les intentions de cet homme ? Pourquoi la regarde-t-il avec un air aussi gêné ?

Ève est dépitée. Elle a beau être très forte au crawl, elle n'a pas réussi à battre Aline et elle est arrivée bonne dernière. Sans compter qu'elle a déchiré son bonnet de bain. Mé sera sûrement mécontente, elle déteste le gaspillage.

– Tu es sûre que tu veux déjà rentrer ? lui demande Aline. Moi, je vais prendre un énoooorme bain de soleil, et ensuite je retourne à l'eau !

– J'ai promis à Waleczia de l'aider à faire une tarte aux prunes, se justifie Ève.

Elle aime beaucoup Aline et Francis, mais ce sont plutôt des amis d'Irène. Aline a dix-huit ans et Francis seize, leurs conversations ne sont pas très intéressantes pour une adolescente de douze ans et demi. D'ailleurs, elle est impatiente de se replonger dans le roman qu'elle a commencé ce matin.

– On se retrouve ici demain à la même heure, d'accord ? fait-elle en rassemblant ses affaires. J'insisterai pour qu'Irène vienne aussi.

– Tu nous apporteras de la tarte ? plaisante Francis.

– C'est ça ! Peut-être des miettes, si tu es vraiment très très très gentil avec moi !

Elle gravit le sentier étroit qui monte à travers bruyères et ajoncs. Elle respire avidement l'odeur à la fois sucrée et iodée, ce parfum inimitable qui n'appartient qu'à l'Arcouest. Pourvu que Mé se décide à y acheter une maison ! Passer un été sans venir ici lui paraît inimaginable. Si seulement Mé pouvait les rejoindre bientôt ! Il semble parfois à Ève qu'elle passe sa vie à l'attendre… Elle lève les yeux vers le soleil rayonnant et lui fait une grimace. Méchant soleil, qui s'amuse à étaler son bonheur rien que pour la narguer !

La voilà enfin arrivée. Lorsqu'elle pousse la porte de la maison, l'odeur délicieuse de tarte aux prunes flotte au-devant d'elle. Tout compte fait, la vie est belle ! Comme elle s'apprête à glisser dans la cuisine, un bruit de voix l'arrête. Elle s'immobilise, tend l'oreille. Il y a Irène, bien sûr, mais l'autre voix est masculine. La curiosité l'emportant sur la timidité, Ève entre précipitamment dans le salon comme si elle n'avait rien remarqué, et s'arrête net sur le seuil.

– Et voilà ma petite sœur ! déclare Irène.

L'homme se lève aussitôt comme un ressort. Son visage devient écarlate, et il dit presque timidement :

– Alors vous êtes la gentille demoiselle qui tricote si bien !

Ève le regarde, interloquée.

– Vous… Vous êtes Victor ?

Il jette à Irène un regard complice, mais ne répond pas. Puis, ayant pris une profonde respiration, il récite d'une voix tremblante :

– Si tu peux conserver ton courage et ta tête
Quand tous les autres les perdront,
Alors les Rois, les Dieux, la Chance et la Victoire
Seront à tout jamais tes esclaves soumis,
Et, ce qui vaut mieux que les Rois et la Gloire,
Tu seras un homme, mon fils.

Le poème de Rudyard Kipling ! Ève a l'impression qu'elle va s'évanouir.

– Vous… Vous n'êtes pas… Vous êtes… Vous êtes… bafouille-t-elle.

Le visiteur la regarde en silence, il paraît lui aussi très ému.

– Je crois qu'il faut que je mette mon grain de sel, intervient Irène. Non, ce n'est pas Victor, mais Albert. Je vais tout t'expliquer, Évette, mais d'abord tu ferais bien de t'asseoir. Tu as l'air à deux doigts de t'évanouir !

Ève se laisse tomber sur le vieux canapé à côté de son aînée, les yeux fixés sur celui qui est revenu d'entre les morts.

– Tu te souviens que, dans sa dernière lettre, Albert t'annonçait que son régiment allait changer de cantonnement, commence Irène. Il ne t'a pas donné de précisions, mais en fait sa destination se situait dans les Flandres. En Belgique, si tu préfères... C'est là qu'il a été grièvement blessé.

– Et alors je me suis retrouvé à Hoogstade, enchaîne lentement Albert, qui reprend peu à peu ses esprits. Dans l'hôpital où votre grande sœur s'occupait des radiographies. Est-ce que ce n'est pas une coïncidence incroyable ? En tout cas, votre sœur m'a sauvé la vie, puisque c'est grâce à elle qu'on a localisé les éclats d'obus qui m'avaient transformé en passoire. Malheureusement, le choc avait effacé tous mes souvenirs, je ne me rappelais absolument rien. Je ne savais plus qui j'étais ni d'où je venais. Pour ne rien arranger, j'avais perdu ma plaque d'identité ! Et comme l'assaut auquel j'avais participé avait été donné par un grand nombre de compagnies... Bref, quand on m'a renvoyé en France pour ma convalescence, j'étais toujours un homme sans passé. Vous ne pouvez pas imaginer l'impression que cela fait... Le seul avantage de ma situation, c'est que les médecins militaires ont décrété que je n'avais pas la tête assez solide pour repartir faire la guerre, et qu'ils m'ont réformé.

Maintenant qu'il est lancé, il parle à jet continu, prenant à peine le temps de respirer entre deux phrases. Ève boit ses paroles avec la même passion que lorsqu'elle dévore un roman palpitant.

– Après Hoogstade, j'ai passé des mois à l'hôpital d'Amiens. Et puis un jour, je ne sais par quel miracle, je me suis rappelé le nom de mon village. Et une semaine plus tard j'ai retrouvé mon nom ! J'ai tellement harcelé les médecins qu'ils m'ont autorisé à rentrer chez moi, et j'ai regagné le Finistère. Mais il y avait encore énormément de trous dans mes souvenirs. Je revoyais des scènes sans savoir si je les avais vraiment vécues. Par exemple, je me rappelais la salle de radio à Hoogstade, le jour où j'ai été reçu au baccalauréat, un soir de Noël dans les tranchées… mais dans quel ordre fallait-il mettre tout cela ? Je n'en avais pas la moindre idée. Jusqu'au jour où, en fouillant dans mes livres, je suis tombé sur *Capitaines courageux*.

– Kipling ! s'écrie Ève.

– Bravo ! Alors tout m'est revenu d'un coup. Vos lettres, nos échanges de poèmes, et surtout… Mais je garde cela pour la fin.

– Quoi ? Qu'est-ce que vous gardez pour la f… ?

– Ne le bouscule pas, Évette, la coupe Irène.

– J'ai donc décidé qu'il fallait à tout prix que je vous retrouve, poursuit Albert. Mais plusieurs mois se sont encore écoulés avant que j'aie la chance de voir votre nom dans le journal. Enfin, celui de votre mère…

– Comment ça, celui de ma mère ? Vous saviez que j'étais la fille de Mé… de Marie Curie ? Je ne vous l'avais même pas dit !

Quand il sourit, ses grands yeux bruns s'illuminent d'une façon extraordinaire. Ils rappellent à Ève ceux de son premier ours en peluche. « Tiens, se dit-elle, je m'étais trompée, il n'a pas les yeux bleus ! »

– Vous ne pensiez tout de même pas que je ne connaissais pas le nom de Curie ! rétorque Albert malicieusement. Quand vous m'avez écrit que votre père était mort, que vous aviez une grande sœur et que vous étiez la seule de la famille à ne pas être un crack en mathématiques, je n'ai pas eu beaucoup de mal à additionner deux et deux, comme on dit ! Mais j'ai fait celui qui n'avait rien deviné, je ne voulais pas me montrer indiscret. Donc, en lisant le nom de votre mère dans le journal, je me suis rappelé subitement que c'était aussi celui de ma marraine. Et puis, quelque temps après, je me suis souvenu que vous parliez de la pointe de l'Arcouest, où vous alliez tous les ans. Alors voilà… Me voilà ! La seule chose à laquelle je ne m'attendais pas du tout, c'était de retrouver en même temps la jeune fille qui m'a radiographié à Hoogstade, et dont j'ignorais évidemment le nom ! Vous m'aviez juste dit que votre sœur était infirmière et que vous ne la voyiez presque jamais. Comment est-ce que j'aurais pu me douter ?

Irène se lève.

– Je vais chercher à boire. De l'orangeade, cela vous tente ?

– Si cela ne doit pas vous déranger. L'émotion donne soif ! Revoir mes deux bienfaitrices d'un seul coup et apprendre qu'elles sont sœurs…

– Je n'ai pas fait grand-chose, dit modestement Ève une fois Irène partie à la cuisine. Écrire et tricoter, c'est à la portée de tout le monde. Si Irène n'avait pas repéré tous les bouts de métal qu'il fallait vous retirer, ce n'est pas mes lettres qui vous auraient sauvé.

– Vous vous trompez, mademoiselle Ève.

– Vous ne croyez pas que le « mademoiselle » est en trop ?

– Si vous voulez. Figurez-vous que j'ai autre chose de très important à vous dire… Ève. C'est d'ailleurs pour cela que je suis venu jusqu'ici. Quand l'obus a éclaté, cet horrible soir… je me suis retrouvé par terre, à demi recouvert de boue, incapable de bouger, avec du sang qui coulait partout… Bref, c'était abominable. Les secours ont mis une éternité à arriver, et moi, je me sentais de plus en plus faible. Parfois, je perdais conscience, et puis soudain j'avais un sursaut… Mais plus le temps passait, et plus j'étais certain que j'allais mourir. Alors je me suis dit que je devais à tout prix rester éveillé, pour pouvoir appeler les brancardiers quand ils arriveraient. Dans l'état où j'étais, vous comprenez, ils m'auraient cru mort et m'auraient laissé là… Et savez-vous ce que j'ai fait pour ne pas perdre connaissance ? J'ai essayé de me réciter le poème de Kipling que vous m'aviez envoyé. Lentement, vers après vers… Parfois, je restais complètement bloqué, incapable de me rappeler la suite, mais alors je me représentais votre jolie écriture, je m'efforçais de vous imaginer vous appliquant à recopier les vers, et je cherchais, je cherchais, jusqu'à ce que je voie la suite. Puis je continuais, coûte que coûte, malgré la souffrance terrible qui me dévorait le ventre. Il est très long, ce poème, il ne m'avait jamais paru aussi long. Trente-deux vers exactement ! Comme je mettais parfois un quart d'heure pour un seul vers, vous n'avez qu'à calculer…

Il rit.

– Je plaisante, bien sûr, ce n'est pas le moment de faire de l'arithmétique ! En tout cas, cela m'a pris des heures. Et au moment précis où je suis arrivé à « Tu seras un homme, mon fils », j'ai entendu venir les brancardiers. Grâce à vous et à vos lettres, j'étais encore vivant et j'ai eu assez de force pour les appeler.

Sa voix a tremblé sur les derniers mots. Il a sûrement envie de pleurer, mais Ève ne risque pas de s'en rendre compte puisqu'elle ne voit plus ce qui l'entoure qu'à travers un brouillard de larmes. Est-il donc vrai qu'elle a contribué à sauver la vie de son filleul ?

Heureusement, la porte s'ouvre pour livrer passage à Irène apportant le jus d'orange et une magnifique tarte aux prunes toute chaude. Albert s'empresse de se lever pour l'aider, tirer une petite table, tendre un verre à Ève, et la dégustation de la pâtisserie vient à point nommé détendre l'atmosphère et sécher les larmes.

– Succulent, dit enfin Albert. Je vous avais promis un cadeau, mademoiselle Ève, mais à l'hôpital je n'ai pas eu le courage de continuer à fabriquer mes petites œuvres d'art. C'est aussi bien, d'ailleurs, un objet façonné dans une douille d'obus ou une balle de fusil ne vous aurait pas du tout convenu. Et puis j'aurais été très gêné de ne pas en avoir fait un aussi pour vous, mademoiselle Irène.

– On avait dit que « mademoiselle » était en trop, lui rappelle Ève.

Albert rit, tandis qu'Irène fronce les sourcils, juste pour la forme.

– C'est vrai que « mesdemoiselles » est un peu ridicule pour parler de deux fées bienfaisantes. Irène et Ève, c'est beaucoup mieux. De si beaux prénoms… Ils vont merveilleusement aux deux jeunes filles qui m'ont sauvé la vie.

Le réel et l'imaginaire...

Ce roman s'inspire très directement de la vie de la famille Curie : les vacances à l'Arcouest, le Capitaine distribuant des fleurs avant les sorties sur l'*Églantine*, Waleczia et Jozzia, la rumeur prétendant qu'Irène et Ève faisaient de l'espionnage, la chute d'Irène dans les rochers, et même le bonnet de bain déchiré ! Les difficultés de Marie et d'Irène pour se faire accepter par les médecins militaires, la méfiance du docteur Van Meeven, les petits drapeaux plantés sur une carte par Ève, sa correspondance avec un poilu, son peu de goût pour les mathématiques et son talent pour le piano. Et bien sûr les Petites Curie ! Quant aux souvenirs évoqués par les deux sœurs et leur mère, ils sont eux aussi fidèles à la réalité. Beaucoup d'entre eux ont été empruntés à la correspondance entre Marie et ses deux filles, publiée par la fille d'Irène[1].

1. Hélène Langevin-Joliot : *Marie Curie et ses filles. Lettres*, Pygmalion, 2011.

En revanche, on ne sait pas qui était le poilu d'Ève… mais on peut très bien imaginer qu'elle en a pris un second après s'être trouvée sans nouvelles du premier. On n'a pas non plus de détails sur les blessés radiographiés par Irène. Le « fantôme » ressemblant à son père est donc un personnage imaginaire, tout comme Albert. La visite d'Albert à Ève, sa surprise en se trouvant face à sa sœur aînée font également partie du roman.

Mais tout cela aurait pu se produire…

Après la guerre, l'histoire continue…

Irène

Après s'être mise courageusement au service de son pays en guerre alors qu'elle n'avait pas dix-huit ans, cette jeune fille à la forte personnalité marche brillamment sur les traces de ses parents. Licenciée en sciences physiques à la fin de la Première Guerre mondiale, elle se lance dans la recherche au laboratoire Curie et obtient son doctorat ès sciences physiques.

Elle tombe amoureuse de Frédéric Joliot, lui aussi physicien, et l'épouse. Ils ont deux enfants, Hélène et Pierre, qui deviennent également des scientifiques. La découverte que font ensemble Irène et Frédéric de la radioactivité artificielle leur vaut à eux aussi un prix Nobel de chimie, en 1935 (le troisième Nobel de la famille !).

Mais Irène ne vit pas enfermée dans son laboratoire. En 1936, elle est sous-secrétaire d'État à la

Recherche scientifique durant quelques mois. En 1939, elle est nommée officier de la Légion d'honneur. À 49 ans, en 1946, elle devient directrice de l'Institut du radium créé par sa mère. Et en 1950, le Conseil mondial de la paix lui décerne le prix international de la paix.

Elle meurt le 17 mars 1956, de la même maladie que Marie Curie : la leucémie, due à une exposition trop importante à la radioactivité.

Ève

Elle réalise tous les projets évoqués avec sa mère un soir à l'Arcouest.

Comme le lui avait prédit le pianiste polonais Ignacy Paderewski, elle devient une pianiste remarquable et donne plusieurs concerts. Mais elle décide finalement de devenir critique musicale et d'écrire, ce qui lui donne l'occasion de rencontrer beaucoup d'écrivains et de compositeurs.

En juin 1940, après la défaite de la France au début de la Seconde Guerre mondiale, elle embarque dans un cargo pour l'Angleterre. Là-bas, avec les Forces françaises libres qui continuent la lutte contre l'occupation allemande, elle écrit dans la presse, parle à la radio, donne de nombreuses conférences là où les hommes se battent ; une expérience qu'elle raconte dans un livre. Puis elle devient ambulancière sur le front d'Italie.

Plus tard encore, elle est conseillère du secrétaire général de l'Otan (l'Organisation du traité de l'Atlantique Nord, créée pour maintenir la paix en Occident après la Seconde Guerre mondiale). Puis elle épouse le directeur de l'Unicef (United Nations International Children's Emergency Fund, organisme créé par l'Onu pour défendre les droits des enfants à travers le monde), et voyage dans une centaine de pays.

Si elle est la seule de sa famille à ne pas avoir de prix Nobel, elle est décorée de la Croix de guerre pour son action courageuse pendant la guerre, et nommée officier de la Légion d'honneur pour sa contribution à l'aide humanitaire.

Après le mariage d'Irène, en 1926, c'est surtout avec sa benjamine que Marie Curie partage ses joies et ses soucis de santé, avec elle qu'elle parle musique, lectures, théâtre. À la fin de sa vie, quand Mé est très malade, c'est Ève qui l'accompagne dans le sanatorium de Suisse où s'achève sa vie. Et c'est Ève qui écrit la biographie de cette femme exceptionnelle, un livre qui rencontre un immense succès et est adapté au cinéma.

Ève Curie meurt à 102 ans, à New York, le 22 octobre 2007. Une longue et belle vie !

Le radium et la radioactivité

En décembre 1898, en travaillant jour et nuit dans un laboratoire inconfortable aménagé dans un hangar, Pierre et Marie Curie parviennent à isoler le radium, un élément jusqu'alors inconnu. C'est pour cette découverte qu'en 1911 Marie Curie recevra un second prix Nobel.

La radioactivité dégagée par le radium peut provoquer des brûlures, mais également détruire des cellules malades, plus sensibles à son rayonnement que les cellules saines. Aussi a-t-elle longtemps été utilisée pour soigner des maladies de peau, la tuberculose et certains cancers.

À une époque où on n'avait pas encore compris que les radiations mal utilisées pouvaient avoir des conséquences néfastes, on mettait du radium partout : sur les aiguilles et les chiffres des montres et des réveils pour les rendre visibles dans l'obscurité, dans les crèmes antirides, dans le dentifrice et les sels de bain, dans les engrais et dans la nourriture pour animaux, et même dans l'eau minérale !

Jusqu'au jour où on s'est aperçu que de nombreuses ouvrières qui avaient peint des chiffres lumineux et léché la pointe de leur pinceau pour l'affiner étaient atteintes de cancer de la mâchoire. On a alors fait marche arrière : fini les cures rajeunissantes au radium, fini la lueur des aiguilles de montres dans la nuit…

Depuis, Irène Joliot-Curie et Frédéric Joliot ont découvert la radioactivité artificielle. Aujourd'hui, dans le traitement du cancer, le radium a été remplacé par l'iridium et le césium, moins dangereux pour l'organisme.

Quelques dates

1859 (15 mai) : naissance de Pierre Curie à Paris.

1867 (7 novembre) : naissance de Maria Sklodowska à Varsovie (Pologne).

1891 (novembre) : Maria part pour Paris, s'inscrit à la Sorbonne et se fait appeler Marie.

1894 : rencontre de Pierre et de Marie ; Marie obtient sa licence de sciences mathématiques.

1895 : Pierre obtient son doctorat ès sciences ; Pierre et Marie se marient à Sceaux.

1896 : Marie est reçue à l'agrégation de sciences physiques.

1897 : Pierre et Marie commencent leurs

travaux sur les rayonnements produits par l'uranium; naissance d'Irène (12 septembre).

1898 : découverte du polonium, puis du radium.

1900 : Marie enseigne la physique à l'École normale supérieure de jeunes filles, à Sèvres.

1903 (10 décembre) : le prix Nobel de physique est attribué à Pierre et Marie Curie, ainsi qu'à Henri Becquerel[1]. Marie Curie est la première femme à recevoir un Nobel.

1904 (6 décembre) : naissance d'Ève.

1905 : élection de Pierre à l'Académie des sciences.

1906 (19 avril) : mort de Pierre; en novembre, Marie reprend le poste d'enseignant à la Sorbonne de son mari. Elle est la première femme à y enseigner.

---

1. Henri Becquerel (1852-1908), physicien français, a découvert la radioactivité en 1896.